李登輝の偉業と西田哲学

――台湾の父を思う――

元京都大学教授
柏 久

補遺 「生きる」ための往生

産経リーブル

序　より良い未来の実現のために

私は一介の農業経済学者である。すでに七二年の齢を重ねており、許される余生も限られている。その私がいま一冊の書物を残そうとしている。それが私の人生を意義あるものにしてくれると信じるからである。

人生においては、それまでの生き方を劇的に変えるような出会いというものがある。人との出会いもあれば、書物など物との出会いもある。その出会いによって人は生き方を変え、成長していく。さまざまな出会い、その衝撃性は、当然に同じではない。

私にとって人生最高の出会いは、李登輝台湾元総統との出会いであった。その出会いの時、私はすでに五七歳になっていたが、その出会いは、以後の人生を大きく変えた。高校の世界史の教科書にも出てくる李登輝先生との出会い、それは、私の父が李先生の恩師であったことによってもたらされた。出会いの日、私は、李先生の圧倒的な存在感に打たれるとともに、わが父との強い絆が何によってもたらされているのか、という疑問をもった。

その疑問に対する答えは、直観的なものであったがすぐに出た。それは西田哲学に違いない、というものである。ただ、この答えを形あるものにするのに、二年の歳月を要した。

私は二〇〇六年一二月に長文の手紙を李先生に書き、私の考えを伝えた。それから約三ヶ月後、わが父祐賢が他界し、私は弔うために『「生きる」ための往生』という書物を二〇〇七年七月に刊行、その第二部に李先生から頂いた弔辞などとともに、この手紙を掲載した。これによって、私の疑問には一つの答えが出た形にはなったが、弔辞のお礼を言うために台湾に李先生を訪ね、長時間にわたりその謦咳《けいがい》に接して話を聞き、その人間性にも触れた私には、よりいっそう李登輝元総統と西田哲学について学ばなければならないという思いが強まった。

それからすでに一〇年余の歳月が経過した。一〇年という歳月には色々なことが起こったが、二〇一四年春に私は出張先の那覇で吐血、胃癌という診断の下に胃を全摘したことは、非常に大きな出来事だった。

ただこの間、私は、李先生と西田哲学について、よりいっそう深く学ぼうという気持ちを忘れることはなく、努力もしてきたが、最終的な結論はなかなか出なかった。しかし最近になり、大峯顕の諸論考に出会い、二〇一八年六月に橋本芳契《はしもとほうけい》著の冊子に出会ったことで、一つの結論に到達した。そしていよいよその結論を形あるものにしようとしていた矢先、私は定期検診で胃癌リンパ節転移再発という診断を下され、余命一年とまで言われて八月はじめから抗癌剤治療に入った。

私は、六回の入退院を繰り返し、四ヶ月にわたる厳しい抗癌剤治療を受けたが、いつまで生きられるかわからないという極限状態の中で、私は少なくとも到達した結論を形あるものにして残したいと思った。そのため、抗癌剤治療中の四ヶ月間、無理に無理を重ねて執筆を行った。そして抗癌剤治療が終わる頃には執筆を仕上げ、李先生の九六歳の誕生日（一月一五日）に届けられるよう、『台湾の父李登輝総統を思う——三人の父の悲哀』を自費出版した。

それからすでに五ヶ月が経過した。昨年七月に余命一年と言われた時からすでに九ヶ月が経っているが、極めて元気であり、とてもあと三ヶ月の内に死ぬとも思えない。いま私は七月に担当医が言ったことに非常に大きな疑問を持つに至っている。その疑問は、二〇一四年の胃癌の診断にまで及びつつある。世の中が科学主義という唯物論に毒され、医師がこころを失っている結果、このような事態が生じているように思われる。

とするなら、この状況は変えなければならない。さもなければ、人は今後ますます不幸に陥ってしまう。私が自費出版した書物に込めた主張は、李登輝先生とわが父の絆を西田哲学で説くということだけではない。李先生が警鐘を鳴らされているように、いまの日本は、世界に誇れる日本精神を忘れ、こころを失っている。この状態を変えるには、忘れている「やまとごころ」を思い出し、日本精神を社会の中心に据えることが必要である。そのために少しでも貢献したいというのが、今の私の偽らざる思いである。そして、少しでも多くの方に読んでいただくため、執筆した原稿の構成を大きく変えて改めて出版することにした。

この書との出会いが、読んで下さる方々のこころに響き、何らかの変革につながることを期待しながら……。

二〇一九年五月五日

松柏庵研究所にて

目次

序 より良い社会の実現のために 1

第一章 出会いは突然に 10

一 ことの始まり 10
二 すべては無知からはじまった 12
三 「京都の学風」はどこへいったのか？ 15
四 教養教育重視へのきっかけ 17
五 教養教育による人格形成 22
六 驚くべき事実 24
七 台湾と日本の架け橋 27
八 無知がくれた宝物 31

第二章　人生の不可思議 —— 35

一　父柏祐賢の死　35
二　李先生の謦咳に接して　38
三　原点としての農業経済学　41
四　自我の克服が道をひらいた　49
五　人生の不可思議　52

第三章　西田哲学を理解するために —— 54

一　哲学するとは？　54
二　哲学と科学　58
三　合理主義哲学による科学の根拠づけ　64
四　科学の分類と第三の科学　68
五　フィロソフィーの根源的な問い　72
六　西田哲学における実在　75
七　純粋経験から行為的直観へ　78

第四章　色紙が意味するもの————82
一　誠実自然　82
二　奇跡の台湾民主化　84
三　新渡戸稲造との出会い　87
(1)『「武士道」解題』の意図　87／(2)『Bushido, Soul of Japan』との運命的出会い　88／
(3)李先生は秀でた『武士道』解説者　89
四　台湾における日本精神は日本のそれとは淵源が異なる　91
五　日本の現状に対する警告　92
六　奇跡を可能にしたフィロゾフィーレン　94
七　『武士道』と李先生のフィロゾフィーレン　98
八　李先生とキリスト教　101
九　西田哲学と愚禿親鸞　102
一〇　西田哲学とキリスト教　105
一一　李先生とわが父祐賢との出会い　109

第五章　悲哀の先にあるもの　112

一　働くものから見るものへ　112
二　悲哀の淵源としての有限性　115
三　愚禿親鸞と場所的論理　117
四　無義の義　119
五　命のふるさとに還る　121
六　愛知がもたらすものは何なのか？　124

第六章　愛知がもたらすものは使命　125

一　出会いが使命を導く　125
二　李先生との出会いと使命感の深化　126

跋　命ある限り使命遂行　129

一　出会いは人生を変える　129
二　母の使命感　130
三　私の使命と新しい父の誕生　132

四　「生」ある限り使命遂行　135

補遺　「生きる」ための往生　139

第一章　李登輝・前総統の日本訪問同行記／産経新聞元台北支局長・河崎眞澄　140
第二章　架け橋としての西田哲学──李登輝先生への手紙──　156
第三章　柏門下のひとりの弟子　184
第四章　「心と心の対話」（喪主挨拶）　192
第五章　李登輝先生致柏祐賢先生之喪弔辞　198
第六章　李登輝前総統と恩師柏祐賢先生　200
あとがき　204

特別寄稿　永遠に二三歳のまま、僕は柏祐賢先生の学生だ　──「李登輝の偉業と西田哲学」に寄せて　産経新聞論説委員兼編集委員・河崎眞澄──　210

おわりに　224

第一章　出会いは突然に

一　ことの始まり

人生とは、詰まるところ出会いなのかも知れない。母と出会い、父と出会い、他者と出会う。しかし父母との出会いを除けば、人生を変えるほどの劇的な出会いというものは、誰にとってもそれほど多いものではないであろう。私が辿り来た七二年の歳月を振り返る時、人生最高の出会いは、李登輝台湾元総統との出会いだったと思う。

私のような一介の農業経済学者が歴史に名を残す李先生と出会い、しかも慈父のような態度で接してもらえた理由は、話が進む中で明らかにしてゆくが、二〇〇四年の大雪が降りしきる大晦日、李先生と出会ったことは、五七年というそれまでの歳月を吹き飛ばすほどの大きな変化を私にもたらした。

この年の一二月一七日（金）、その年度の講義を残すところ年明けの一回のみとして、夕食後、ホッとしてくつろいだ気分でいた時、電話のベルが鳴り響いた。それは面識のない、日本語も必ずしも上手とは言えない方からの電話であった。その方の名前は大田一博、台湾から帰化され大津市坂本で産婦人科・小児科の病院をひらいておられる方である（帰化以前の名前は王輝生で、貴美子夫人は台湾帰化二世で小児科の医師）。

大田先生の用件は、次のようなものであった。李登輝台湾元総統に日本政府からビザがおり、来日されることになった。その際、李先生は、わが父祐賢とどうしても会いたい、とおっしゃっておられるが、受けてもらえるか、というのである。もちろんこれは私が決めることではなく父が決めることで、すぐにはお返事できないこと、そして父の現状がどのようなものであるかを話し、明日以降に再度、電話をしていただきたい、と伝えた。父に電話内容を知らせたところ、父も是非とも会いたいというので、私は受ける方向で事を進めることにした。

わが父祐賢は、一九七八年に六九歳で京都産業大学の学長に就任し、その後理事長も兼ねるようになり、二〇〇〇年九月に理事長を勇退するまで、この大学の最高指導者であった。勇退後は、自らの『著作集』を読み返し、その学者人生を思い返す静かな生活をしていた。元気ではあったが、風呂場で数回転倒することがあったため、私は自宅介護を強いられるようになった。当初は出張などに支障が出るくらいの軽い自宅介護であったが、それは日に日に厳しさを増し、二〇〇四年には相当に厳しい状態になっていた。したがって、要人との面会を受け入れるかどうかは、ひとえに私の決断にかかっていた。

次の日の夜、大田先生からふたたび電話があり、前向きに検討したいと伝えたところ、明日は日曜日で病院の仕事もないので、詳しく説明するために訪問したいと言われ、そうすることになった。

二　すべては無知からはじまった

私は、自らがいかに無知であったかを告白しようと思う。無知であったが故に、私はあまりにも事を軽く考えすぎていた。もちろん私は台湾という国を知っていた。その広さはほぼ九州と同じということも。そしてわが父祐賢の教え子に台湾の総統になった李登輝という方がおられることも。李先生は、総統時代から父に会いたいと言っておられ、各方面から仲介話があった。しかし二〇〇〇年までそのトップとして大学を預かっていた父は、大学に政治を持ち込むことになる李先生との日本での再会も、大学を離れて台湾に旅して再会を果たすことも不可能であった。そのため李先生の学生時代以来の父との再会は、実現してこなかった。無知であるにもかかわらず、こうした経過を父の身近にいて知っていたことが、事をさらに軽く考えさせる原因となった。

日曜日に大田先生がわが家に来られ、詳細がわかった。李先生はまず名古屋に入り金沢を回って京都に来られるという。すべて李先生にとって思い出の地ばかりである。京都訪問の第一の目的は、母校京都大学を訪問することだった。ここまでは別段問題はなかった。当時、要人の京都訪問の場合、ほとんどが東山の麓にある都ホテルに宿泊することになっていた。私は李先生もそうされるものだと勝手に思い込んでいたので、すでに移動は車イスになっていた父を車で都ホテルまで送り、そこで再会ということになるであろう、と想定していた。

しかし話はまったく異なっていた。その日の宿泊は、琵琶湖の北にあるJR東海の別荘とのこと。だとすれば、再会場所はどこになるのか。大田先生は、ここ（わが家）でよい、と言われる。その後、私と親友になる大田先生、その時は知らなかったが、押しの強さは私の知人の中でも群を抜いている。ここでも私の無知が作用した。

父祐賢の教え子には、県知事もおれば農林大臣もいた。なるほど台湾は日本の県よりは大きいが、九州六県を合わせれば小さくなる。その国のトップだったといっても恐れることはない、という実に実に甘い考えと、大田先生の押しの強さに負けて、わが家での再会を承諾してしまったのである。そして父は、「三一日にお待ちしております」という一筆を書くことになった。

わが家は、九〇坪ほどの敷地に父母が住む建物と私の家族が住む建物が廊下一つでつながっている典型的な二世帯住宅だった。日本の家屋としては、決して小さいとは言えないが、父母の家屋は築約一〇〇年、そこに私の結婚を機に新しい家屋を継ぎ足した形になっていた。今から考えれば、こんなところに李登輝台湾元総統をお迎えすることなど、とても出来るはずはなかった。すべては私の無知のなせる業だった。

ただ父の教え子という気安さはあったとは言え、要人を迎えるのだから、われわれ夫婦はその準備に最善を尽くした。父母が高齢、息子たちも学業で忙しく戦力にならない中、少しでもわが家をそれにふさわしく見せるため、というより賓客を最大限にもてなすため、ほとんど夜も寝ることが出来ない状態になった。ただ準備は私たちが思いつくものをやれば良いというだけではなかった。外務省や京都府警からいろいろな指示が来た。その対応は、不慣れな私にとっては決して楽なものではなかった。こうしてご来駕までの約二週間は、われわれ夫婦にとって人生でもっとも濃密な時だったのかも知れない。

そしていよいよ私の無知が暴かれる時が来るのだが、その前にどうしても書いておかなければならないことがある。それは李先生の母校訪問に対して、京都大学がとった態度についてである。

三　「京都の学風」はどこへいったのか？

当初、私を含めて関係者は、京都大学が李先生に対して歓迎の意を表することがないとしても、入構を拒否することなど想定していなかった。そこで大田先生と私は、限られた時間の中で、構内のどこへお連れするのがよいか、下見をしていた。戦後五〇年が経ち、私の学生時代にはあった農学部旧館の建物はすでになく、農学部のある北部構内にも様々な近代的な建物が建ち並んでいる。唯一残っている戦前からの建物と言えば、演習林事務所ぐらいである。ここは桜の季節にはしだれ桜が美しく、多くの人が集う場所だが、大晦日では静寂が保たれ、昔を思い出していただくには好都合であろう、ということでここに案内することにしていた。したがって、私は当初ここではじめて李先生と会うはずであった。そしてその案内後、ご一行は銀閣寺に行かれ、その後にわが家で父と再会するという手はずになっていた。しかし実際には、この案内は実現しなかった。李先生は京都大学構内に入れなかったのである。

確かに学長をトップとする大学当局は、明確な入構拒否を表明したわけではない。大学構内に公権力を入れないという建前を盾にしただけである。これに従うとなるとＳＰ警護されている李先生は、警護なしで入構しなければならなくなる。大晦日ということを考えると、私は、短時間警護なしで入構しても、問題は起こらないと思ったが、それを外務省や京都府警が認めるはずもない。そこには大学当局の思惑がはっきりと表れていた。大陸から大量の留学生が来て学んでいるのだから、何か事が起こらないとも限らないという危惧のみならず、大陸に対する妙な忖度《そんたく》もあったであろう。しかしもしそうだとするなら、それは京都大学の校風と言われてきた「京都の学風」と合致するものだったのであろうか。

もちろん「京都の学風」がどのようなものかについては、人それぞれで理解が異なるであろう。ただ大学の最高権威である東京大学に対してブレーキをかけ、互いに競争し合うことで国家に貢献することを目指し設立された京都大学、その趣旨から言っても、それまで起こった歴史的事件（例えば滝川事件等）をとってみても、京都大学は自由だが「筋の通った」対応を誇ってきたと言える。そして何よりも学風を決定づけているように思われる京都学派哲学は、批判精神に満ちた、確固たる論理を骨格とする世界に誇れるものではないのか。詭弁と言われても仕方ないような曖昧な論理で、自分たちの思惑を覆い隠すような態度は、決して「京都の学風」に合致したものとは言えないのではないか。

あの時からすでに一五年近い歳月が流れた。この間、京都大学は皇族をはじめ、現役の環境大臣、京都大学出身の大臣などの要人を構内に受け入れてきた。もちろんこれらはSP警護なしで行われたのではなかった。したがって、あの時、公権力を構内に入れないというのが口実に過ぎず、ここでの対応がいかに間違ったものであったかは歴史が証明している。

この対応に対して台湾の人々の失望は言うまでもなかったであろうし、母校に対して大きな失望感を抱いた卒業生は、私だけではなく非常に多かったと思う。どうしてこのようなことが起こったのであろうか。今さらこれを詮索することは意味がないのかも知れない。しかし母校京都大学の将来を思えば、私はもう少しこれにこだわりたいと思う。

四　教養教育重視へのきっかけ

その後、当時の学長と、あるシンポジウムで同席することになった。二〇〇七年から二〇〇九年にかけて行われた「倫理への問いと大学の使命」という四回連続公開シンポジウム最終回（二〇〇九年三月二二日開催）でのことである。(2)

この「市民倫理の形成と教養教育」と題されたシンポジウムにおいて私は、「出席メールによる対話と人間形成」というテーマで話をさせてもらった。二〇〇〇年、私はとあるきっかけで、「大学における教養教育が専門教育以上に重要だ」と考えるようになった。にもかかわらず、当時の時代の流れは教養教育の軽視、専門教育の重視に向かっていた。

高度な専門知識も、それを使う人間に教養が欠けているなら、その知識そのものが薄っぺらなものになってしまう。私が無理をしてでも、哲学を専門として教養教育を担っていた友人を誘い、二部局協同の講座を作って新しい部局に移ったのも、教養教育を担いたいという強い思いからであった。そして私は二〇〇四年から二〇〇九年までの六年間、半期一コマだけであったが、「環境形成と農業」をテーマに京都大学全学共通科目を担当し、教養教育に携わった。私が教養教育の重要性に気づき、それを京都大学でやってみたいと思うようになったのは、「出席メール」と自ら名付けた、当時としては非常に革新的な授業方法を考案したことと関係している。

李先生も学ばれた京都大学農学部農林経済学科は、定員三〇名余りの小さな学科である。したがって、ここでは基本的に少人数講義しか行われていない。しかし私はマスプロ教育を経験するために、ある私立大学の非常勤講師として一九九〇年から大教室で農業政策について通年講義を行っていた。すでに一〇年という長きにわたって講義をつづけていた一九九九年頃、小中学校の学級崩壊の影響が及んだのではないだろうが、大学でも講義崩壊が起こっていた。学生の講義を聴こうという気持ちが薄く、私語が激しくて講義にならない。出席でも取ろうものなら、携帯電話で友達を呼び、聴く気のない学生が増えるため、いっそうひどい状態になった。これは、私の講義のみで起こった現象ではなく、ほとんどすべての私立大学で同じことが起こっていたようである。ある意味、時代のなせる業だったのかも知れない。

大学の非常勤講師というのは一年契約で、教授会の意向でいつでも首を切られる可能性のある不安定なものだが、一般的には特別な事情がない限りは毎年継続・更新されていく。一年契約だから、カリキュラム編成時（一〇月頃）にこちらから申し出れば、次年度からやらなくてよくなる。二〇〇〇年度前期には講義時の状況はいっそうひどくなり、私は二〇〇一年度からやめさせてもらおうかと思いはじめていた。しかし夏休みに入り少し心に余裕が出てくると、ここでやめれば教師として敗北したことになる、という思いに駆られるようになった。そして一計を案じた。当時、携帯電話はすでに誰でもが持つ時代になっていたが、二〇〇〇年は携帯電話でもメールを送ることができるようになったばかりで、それには字数制限もかかっていた。私の一計とは、メールで出席を取るという方法であった。

出席メールとは、講義終了後、講義を聴いたことを知らせるメールを私に送ることを意味するが、そこには必ず講義に関わることを書いてもらうことにした。これなら、講義を聴く気のないものは、出席したものから情報を得て出席メールを書くことができ、講義に出てくる必要がなくなる。メールの内容は、講義に関する質問、私が話したことに対する疑問、私の話から考えが及んだことなど、何でもよいことにしたが、その内容によって五段階で評価し、それと試験の点数を合計することで成績をつけることにした。そしてそれを後期最初の講義で受講生に周知した。これだけでもある程度の効果は出たかも知れないが、さらに私は出席メールに対して返信を送ることも宣言したのである。受講生約七〇〇名、講義に出てくるもの三〇〇名ということを考えると、その宣言がいかに無謀なものであるかがわかる。しかし私は教育者としての誇りを失いたくなかった。初回でこれを聞いた学生は半信半疑だったであろう。

初回はガイダンス的なものだったので、出席メールに対する返信もそれほど時間がかからなかったが、それでも二回目の講義の雰囲気は、前期とは大きく変わっていた。そして三回目ともなると講義室の雰囲気は一変、緊張感漂うものとなり、それは回を重ねるごとにいっそう厳粛なものとなった。そうなればなるほど、聴講者三〇〇名への返信はますます大変なものになり、私はそれに一週間かかりきりになった。もしその状況が本務校に知られていたなら、懲戒ものだったかも知れない。しかしそれも今となれば時効であろう。

このように私のこの試みは大成功を収めた。しかしこれは予期せざる、とんでもない結果をもたらした。聴講生の意識の高まりが回を追うごとに大きくなってゆき、その過程で「外部の先生がここまでしてくれるのに内部の先生たちは何なのだ」という気持ちを育んでしまった。出席メールにこのような気持ちを書く学生が日に日に増え、その批判的な内容がエスカレートしていった。こうなるとそれが内部の先生たちに届かないはずはない。学生のやる気のなさに安住している大学教師、私は親しくしていたその大学の先生が「楽をするために大学に残った」と言い放ったのを聞いたことがあった。そうした先生たちが取った対応は、自らも変わろうとするのでもなく、臭いものには蓋でさえなかった。「臭いものは排除」ということで、年末の教授会で決定したのであろう、その年最後の講義後、私は学部長に呼ばれて次年度はクビだという通告を受けた。

この話を聞いて、読者はどのように感じられるであろうか。私がその大学を離れてすでに二〇年近く経っており、今その大学がどのような状態なのかは知らない。しかし大学危機の時代、外部の変化に対応しているだけでは本質は変わらないであろう。内部に改革の意欲が育たない限り、大学がよくなることはないはずである。

いずれにしてもすでに記したように、非常勤講師として出席メールを実践したこの後期の授業、本務校にしてみれば許容範囲を超えており、懲戒ものだったのだから、私は、その大学の学部長に対して、やり方を激しく非難はしたものの、渡りに船だったとも言える。そして何よりも重要なことは、この実践によって学生たちの意識を高めることができただけでなく、私自身の意識が高まり、大学教育に対する私の考え方が大きく変わったという事実である。考えてみれば、それまでの私は、研究したり勉強したりして得た専門的知識を切り売りしていたに過ぎない。大学教育において専門的知識を与えることは不可欠であるとしても、それ以上に大切なものがあることに、私は気づいていなかった。その大切なものとは、教養教育によって学生の人格形成に資することである。出席メールによる対話は、それがマスプロ教育でも可能であることを示していた。二〇〇〇年という節目の年は、世界や日本社会にとってだけでなく、私にとっても大きな画期となった。そして二年後の二〇〇二年春、私は農学部から新設の地球環境学堂という独立研究科に異動し、二〇〇四年後期には、心待ちにしていた京都大学における教養教育を、全学共通科目を担当するという形で担うことになった。

五　教養教育による人格形成

新しい担当科目においても、当然に私は出席メールという方法を実践した。というより、これを実践するための教養教育担当の志願だったと言える。私は、約四〇〇名の登録受講者で、約二〇〇名の講義出席者の出席メールすべてに当初は返信するつもりだったが、それは不可能であった。さすが京都大学の学生である。送られてくる出席メールの内容は、非常勤講師として実践した時のものとは格段の差があった。幅広い知識に裏打ちされ、内容も重々しいものが多く届き、私は返信のために熟考せざるを得ないことも度々で、一週間をほとんど返信に費やしても、とうていすべてに返信することができなかった。しかし、この困難に立ち向かうこと自体が私を鍛え、私の人格をも変化させたように思う。

しかもすでに私大の講義の際にも行っていたが、私は、自らのホームページに、出席メールと返信メールのすべてを掲載した。これによって聴講生は、自分と同じように大教室で講義を聴いている他の学生が、どのようなことを考えながら聴いているのかについてわかるようになり、学生と私との対話のみならず、学生同士の対話さえ生まれることになった。これが学生の人格形成に影響を与えないはずはなかった、と私は信じている。

出席メールの実践は、見方を変えれば、学生と私との無形の出会いの場であるとともに、講義に集う学生同士の無形の出会いの場でもあった。ひとは他者との出会いによって自らを知り、自らを知ることによって人格を形成していくものである。出席メールは、確かに無形の出会いの場所を提供することに成功したと言える。しかもそれによって私が変わり得たことも間違いない。ただこの実践による教育効果をさらに大きなものにしていくには、私のさらなる人格陶冶が不可欠であった。

私は二〇〇四年から六年間、京都大学で教養教育に携わったが、この間に、私は講義以外のところで人格陶冶に絶大な影響を与えた大きな出会いを経験した。それは二〇〇四年大晦日における李登輝台湾元総統との出会いであり、それが二〇〇六年の出席メールの遣り取りをきっかけに、李先生への手紙となって結実した。しかしこの話は、第二章「人生の不可思議」までとっておくことにしよう。

いずれせよ、私の六年間の努力が評価されたからであろう、私は前述したシンポジウムの講演者に選ばれた。

六　驚くべき事実

シンポジウムにおいて私は、二つの驚くべき話を聞くことになった。一つは基調講演をされた竹内洋《たけうちよう》先生の話である。竹内先生は教養教育についてのスペシャリストであり、すでに京大学を定年退職され、関西の私立大学に移られていた。先生は、パネルディスカッションで私の報告に触れて「柏さんの涙ぐましい努力にもかかわらず、大学における教養教育によって人格形成を行うことは無理である」という趣旨のことを言われたのである。もちろんこの言葉は、文脈の中で考えなければならない。先生は「京大の先生たちはよく頑張っている。いま私の周りには、研究はしない、教育もしない先生ばかりだ」ということも言われた。私が私立大学で経験したことを初めて経験されて、その驚きから出た言葉であったかも知れない。ただシンポジウムに参加していた教育学部の先生達も同じような、教養教育で人格形成に資することは不可能だ、という考えのように見えた。

私は、六年にわたり講義をした同じ部屋で、学生時代に、当時教育学部の教授であった鰺坂《あじさか》二夫《つぎお》先生の教育学原理に関する教養科目の講義を聴いた。先生の考え方の中心にあったのは

「教育とは人間の奥底に潜む能力を『引き出す』ことにある」というものであった。私はこの講義によってどれほど大きな影響を受けたかわからない。まさに私の人格形成に大きく貢献した教養教育科目だったと言える。それからすでに五〇年の歳月が過ぎ去っているのであるから、教育学部内の考え方が変わっていても何ら不思議でないが、私にはその変化がまことに残念なことに思われた。

驚いたもう一つのことは、四回連続シンポジウムを締めくくる学長挨拶であった。「京都の学風」が「放牧主義」にあるという趣旨が盛り込まれたこの挨拶に私が驚いたのには、いくつかの理由があった。

一つには私が研究を始めたときの最初のテーマが、山地《やまち》酪農という放牧酪農の研究だったことが関係している。私は約一五年にわたり、この酪農を農業経済学という立場から研究した。学長が地震学の専門家であったのと同じように、私は放牧についての専門家だったのである。(3)

わが国において放牧ほど誤解されているものはないように思う。たとえば、都府県はともかく、北海道では乳牛が放牧で飼われているというのが一般的な理解であるが、搾乳牛が北海道で放牧飼養されている割合は五％に満たない。かつて私は、京都で牛乳販売をされているある会社の社長にそのことを話したことがある。彼はそのことをご存じなく、たいへん驚かれた。業界の人でさえこのような状態なのであるから、放牧に対する無知の蔓延は根が深い。そしてなぜそのような状態になっているかもはっきりしている。北海道の放牧と結びつけて乳製品のイメージアップを図るコマーシャルが世間に満ちあふれているからである。これでは、乳牛・放牧・北海道が結び付くのは致し方ないことになる。しかもそこには、このイメージを利用して事実を覆い隠すことにメリットがあり、無知が意図的に誘導されているという事実がある。これは明らかに構造的な問題であり、この構造の中で放牧に関して事実を語り、放牧の重要性と普及を主張すれば、私のように異端視され、学界や業界から迫害を受けることになる。

さらに放牧に対する無理解は、これにとどまるものではない。放牧とは、手をかけずに放任することだというのが一般的な理解であろう。しかしこれはまったくの誤解である。いままでは全国で一〇牧場以下と、ほとんど痕跡状態になってしまった搾乳牛の周年昼夜放牧を行う山地酪農の牧場では、確かに搾乳牛を厳しい管理下に置いているわけではないが、だからといって手をかけずに放置しているわけではない。搾乳牛の状態や牧場環境の変化を常にしっかりと観察し、搾乳牛が最大限に能力を発揮できるように先手を打ちつづけている。もちろん乾乳中の乳牛や育成牛の放牧、肉用和牛の放牧の場合には、山地酪農ほどには手がかかっていないが、それは程度の差に過ぎず、基本的には同じである。それは競走馬の放牧が、いかに手のかかるものであるかを考えれば、容易に理解できるはずである。

学長の挨拶、そこでの放牧理解は一般的な無理解・無知以上のものであったとは、私にはとうてい思えない。もちろん地震を専門にする研究者に、放牧の正しい理解を求めること自体、無理があろう。しかしその無知の上に、「京都の学風は自由の学風だ」と言うのであれば、そこには大きな問題があるように思う。「京都の学風は自由の学風だ」と言われることは多い。しかし自由という言葉も深く考えれば、非常に奥の深い言葉であり、「京都の学風」を単純に自由放任主義と捉えたならば、大きな誤りを犯してしまう。

神ならぬ人間にとって無知は不可避なことであり、人の無知を責めることは無意味である。ただ最高指導者ともなれば、何をするにもその人格を賭して取り組まなければならず、その人格がどこまでも問われつづける。シンポジウムを締めくくる挨拶にも、当然に学長の人格が表れていたと思われ、李先生の母校訪問に下した判断が、この挨拶と結びついているように私が感じたとしても、無理なこととは言えないのではないだろうか。

七　台湾と日本の架け橋

神ならぬ人間にとって無知は不可避だと書いた。この無知を少しでも克服していくためには、結局、個々の人間が自覚していくしかない。いまここで問題としなければならないことは、他の人の無知ではなく、私自らの無知である。しかし人生とは不思議なものである。というのも、私の無知が、私に人生最高の宝物をもたらしてくれたのだから。

当初、農学部のある京大北部構内で初めて李先生と対面するはずであったが、京大当局の入構拒否にあい、自宅で待つことになった。そして私の無知が暴かれるときが遂に来た。玄関で李先生と対面したとたん、私は自らの無知、大いなる勘違いに気づいた。発するオーラは余りにも大きく、私の五七年間の歳月を吹き飛ばしてしまった。私の頭の中は混乱を極め、私は、まったくしどろもどろとなってしまった。ところが私とは対照的に、父祐賢の方はまったく動ぜず泰然自若、六一年間の空白を感じさせない懐かしい気持ちで満ち溢れているようであった。李先生もまた、学生時代に戻ったかのように初々しい態度でわが父に接せられた。それは、あたかもしばらく親元を離れて生活していたわが子が帰省してきて、その子の頭をなでるような雰囲気の対面であった。

あの時からすでに一五年の歳月が経ち、この間、私は台湾のマスコミからこの時のことを取材されることが何度もあった。昨年（二〇一八年六月下旬）、李先生は沖縄県糸満市に来られたが、その際にも私は台湾のテレビ局の取材を受けた。またその時に知り合った朝日新聞の記者（台北支局長）が、胃癌の再発によって京大病院入院中の私を訪ねてきて、二時間半もの取材が行われた。このような取材においてもっとも中心的な質問はいつも、二人がどのようなことを話したのか、その雰囲気はどのようなものだったのか、ということである。この質問に対

100年経っても師弟は師弟　左・柏祐賢、右・李登輝元総統（柏尚稔氏撮影）

するもっとも的確な答えは、補遺として本書に掲載する、当時『産経新聞』の台北支局長だった河崎眞澄さんが書かれた「百年経っても師弟は師弟」であろう。確かにこの言葉、あの再会の時のものであり、わが父が発したものとされている。しかしいまにして思えば、誰が発したものかも定かではなく、あの時の雰囲気そのものがこの言葉に表れていたように思う。少なくとも李登輝先生もまったく同じ気持ちであったことは間違いなく、これほどあの再会を的確に表す表現はないであろう。それは残されている写真を見ても一目瞭然である。

要人の訪問としては一時間弱という

2004年12月31日、恩師の柏祐賢（前列左から2人目）を訪ねた李登輝元総統（前列右から2人目）とその家族。後列左端が著者

時間は短くないのかも知れないが、普通に考えれば、この時間で話せることはそれほど多くはない。李先生が覚えておられた人達についての話など、世間話以上のものではなかった。ただ学問的な話がなかったわけではない。この再会の際にわが父は、李先生に自らの『著作集』（『柏祐賢著作集』全二五巻、編集刊行京都産業大学出版会、販売丸善株式会社、一九八五～九〇年）を謹呈した。父は訪問が決まってから訪問日までの間に、この二五冊それぞれの表紙裏一ページ目に、毛筆で署名した。これが父の生前最後の仕事だったのである。半年後の二〇〇五年七月には、父が要介護四の段階になったことを考えると、李先生の訪問が少しでも遅れていたなら、この六一年ぶりの再会は実現していなかったであろう。写真には、父が贈った『著作

集』を含む父の業績や履歴などが記された目録を真剣に見ておられる李先生が写っているが、李先生に向けられたわが父のまなざしは、あたかも慈父がわが子を見るようではないだろうか。このような状況であったので、学問的な話は、『著作集』を通してのものであった。

一時間弱の時間は瞬く間に過ぎた。そして記念にわが家の駐車場で記念写真を撮ることになった。台湾と日本のマスコミ約一〇〇名を前にして撮られた写真を見れば、この再会がどのようなものであったかがわかるであろう。「すべてが感激の内に」と表現できる。李先生と父の感激がその場にいたみなをも感激の渦の中に巻き込んだ。まさにこの時、台湾と日本の架け橋が架かったと言える。

八　無知がくれた宝物

このように李登輝先生とわが父祐賢の再会は、私の無知ゆえに実現したものであり、それは感激の内に終わった。それは二人にとってだけでなく、私にとってもかけがえのない時となった。西田哲学流にいえば、まさに「永遠の今」そのものだった。

まず私が李先生について感じたことは、その圧倒的なオーラについての驚きであった。このように大きなオーラを発する人がこの世に存在すること自体、信じられないほどであった。その驚きは、すぐにどうすればこのようなオーラを発するようになるのかという疑問に変わった。この疑問に対する答えは、直観的なものであったが、すぐに用意することができた。その絶大なオーラは、李先生の歩んでこられた人生そのものから生み出されたものであり、それを支えてきたのは、教養溢れる人格に違いない。その人格は、出会ったものをも感化せずにはおかない。私には、この答えをより確かのものにする必要が生まれた。

次に私に芽生えた疑問は、李先生とわが父祐賢の絆がどこにあるのか、ということであった。恩師と張り合い、自分を高めるより恩師の評価を下げようとする弟子や、その学問をやってきていないにもかかわらず、得た地位を正当化するためにあえて恩師の著書と同名のタイトルで書物を刊行する弟子などばかり見てきた私にとって、「百年経っても師弟は師弟」という言葉は、新鮮であるとともに、驚きでもあった。しかも李先生が京都大学農学部で学ばれたのは短期間に過ぎない。二人の間には非常に強い絆があるに違いない。いったいそれが何なのか。この疑問にも、やはり直観的ではあったが、答えを用意することができた。それは「京都の学風」の中核ともなってきた京都学派の哲学、西田哲学に違いない、というものであった。

こうなると、私にはやらねばならない大きな課題が生まれたことになる。私は父の学問を継承する道を選択し、一九八五年から『柏祐賢著作集』全二五巻の作成に、足かけ五年余にわたり中心的存在として携わった。それ以前にも何冊かの著書は、何度も読んでいたが、『著作集』

作成過程で全巻のすべてを三度読んだ。しかも父の傍らで生きてきたのだから、これ以上に父についての知識を広める必要はなかった。となると、無知の克服に必要なのは、まずは李登輝元総統について勉強することであり、さらには西田哲学についても深く学ぶことであった。学生時代に『善の研究』を読破したが、理解という点では歯が立たなかった。私はすぐにその課題に取り組みはじめた。そして、当時の私が力を入れていた教養教育の出席メールの実践の中で、それは「李登輝先生への手紙」となって成果をあらわした。

私は二〇〇六年一二月、この年最後の授業が終わるとともに、まだご来駕のお礼を差し上げていなかった李先生に一通の長文の手紙を書いた。それは出席メールの遣り取りを利用したものであった。その手紙を二〇〇七年三月に死去した父祐賢を悼むために作った『「生きる」ための往生』第二部に、李先生からいただいた弔辞などとともに掲載した。それからすでに一〇年以上の歳月が過ぎ去った。いまから見れば、その時点での理解はまだまだ不十分だったと言わざるを得ないが、本書がその延長線上にある以上、『「生きる」ための往生』第二部をそのまま丸ごと、本書に補遺として掲載する。本書を深く理解してもらうためには、この補遺を先に読んでいただくのも良いかも知れない。

宇宙における悠久の時の流れに比べれば、この世の人生など一瞬なのかも知れない。しかし西田幾多郎が言うように、それは非連続の連続であり、一瞬一瞬が「永遠の今」として輝く。

人は一瞬一瞬に出会いを重ねながらその一生を終えるが、出会いは人生観・世界観を育み、人格を形成していく。その際の出会いには、それまでの人生観・世界観を一変させるようなものもあるが、李先生との出会いは、私にとってまさにそれであった。そして無知がもたらしたこの出会いは、いまは私の宝物になっている。李先生との出会いからすでに一五年以上が経過したが、この間の私の思索と体験を語ることが、読まれる方々の新たな出会いとなるなら、望外の喜びである。

注

(1) 柏久『農業経済学の展開過程—小農経済論の終焉と企業的農業論の形成』、日本経済評論社、一九九四年。

(2) 柏久「出席メールによる対話と人間形成」位田隆一他編『倫理への問いと大学の使命』、京都大学出版会、二〇一〇年、二三五～四八ページ、参照。

(3) 柏久編著『放牧酪農の展開を求めて—乳文化なき日本の酪農論批判』、日本経済評論社、二〇一二年。

第二章　人生の不可思議

一　父柏祐賢の死

それにしても人生とは不可思議なものである。私が李先生への手紙を書きはじめた時点では、父は要介護四の状態とは言え、極めて元気であった。「一五〇歳まで生きる」を口癖に『著作集』を読み直したり、テレビを見たりして過ごしていた。むしろ、介護をする側であった母より長生きするのでは、とさえ思われた。

手紙を書き終えた私は、正月休みを利用して台湾に帰省される大田先生に手紙を託すため、二〇〇六年一二月二七日、大津市坂本の病院に足を運んだ。そして帰宅してみると、元気だった父が高熱を出していたのである。私には「もしや」という気持ちが横切ったが、幸いにしてかかりつけ医の点滴などで正月には持ち直し、お雑煮をたべるまでになっていた。しかしやはり死へのカウントダウンは始まっていた。

岡崎別院における柏祐賢の葬儀（水野啓氏撮影）

それから二ヶ月が経過した私の還暦の誕生日も朝は何事もなく始まり、夜には家族でバースデイケーキを切ってお祝いすることにしていたが、午後になって母が慌てて私のところに来て、父の脈がないように思うと言った。私が血圧を測ると、上が九〇しかなかった。学生時代以来の親友で今の私の主治医花房徹兒さんに電話をかけ、対応を尋ね、その指示に従った。その際に彼は「後一週間ぐらいだ」とはっきりと言った。彼の言ったことは正しく、かかりつけ医の点滴などの効果もあって、いったんは元気になりビールさえ飲んだが、その後は日に日に衰弱、八日後の未明、鬼籍に入った。

父と私は早くから父の葬儀をどこで行うかを話し合っていた。父の要望を入れ、私はわが家から一・五キロほどのところにある、親鸞ゆか

李登輝元総統の弔辞を代読する大田一博氏（水野啓氏撮影）

りの岡崎別院で葬儀を行うことを約束していた。その準備のため、身内だけの密葬を簡単に行い、李先生に父が他界したことを知らせた。李先生には葬儀参列の気持ちがあったようだが、五月末から総統退任後三度目の訪日が決まっていたため、参列を見送られ、弔辞を送って下さることになった。そして葬儀は、四月七日に約七〇〇名が参列し、李先生との思い出の写真と『著作集』全二五巻に飾られ、九九年五ヶ月という父の人生にふさわしいものとなった。

　李先生のご訪問から二年後、私が遅れていたお礼の手紙を書くことができないでいたら、父の葬儀はこのような形にはなっていなかったであろう。見方を変えれば、父は私が手紙を書くことが出来るようになる日を待っていたとも言える。

死期を迎えた人間には、普通では考えられないようなことが起こる、という話をよく聞く。たとえばお迎え現象は、その一つであろう。私は、父との最後の数日間、夕食後いつも父の布団の中に入り、血圧低下のために冷たくなっている手足を私の身体で温めた。最後の一週間、はじめは会話も可能であったので、弱気なことを言った父に「まだ利右衛門さん（私の祖父）は迎えに来ていないのだろ」と冗談交じりに言った。すると父は真剣な表情で、「いや、もう迎えに来ている」と答えたのである。その日を最後に父は声が出なくなった。そして死の二日前、孫二人の頭をなでながら最後の別れをした。このような経緯を見ても、父は私が李先生への手紙を書く日を待っていたとしか思えない。そしてその死は、まさに大往生だったと言って良いと思う。

二　李先生の謦咳に接して

私は李先生に弔辞のお礼を言うため、五月五日に大田先生とともに、台北にある李先生の公邸を訪れた。来日を控えられていたにもかかわらず、午後三時から九時までの六時間（公邸から食事をするホテルへの移動時間を含む）という長い時間を割いていただき、われわれは歓待してもらった。この間、李先生はしゃべりつづけられた。私は、李先生に関する知識を何冊かの書物を読むことで、すでにそれなりに蓄えていたが、これほどの長時間にわたってその謦咳に接したことにより、その知識が格段に大きなものになっただけでなく、その人となり（人格）を理解することにつながった。ただその結果、李先生についてさらに広く深く学んでいかなければならないという思いが、いっそう強まったことも確かである。

李先生の話は多岐にわたったが、当時は陳水扁総統第二期目の任期が一年余を残すだけの時期で、スキャンダルが表沙汰になったことで支持率が極端に低下していた。李先生の陳総統への期待が大きかっただけに、その期待が裏切られ、失望は非常に大きかったようである。印象深かったのは、陳総統が、台湾総統になる要件として弁護士資格を加えたことに対して、激しく非難されたことである。同行していた私の次男は、弁護士を目指して勉強中であったが、李先生は彼に「弁護士などになるな」とまで言われた。これはいったい何を意味していたのであろうか。

私には、李先生の政治に対する考え方、さらにはこの考え方を生み出すフィロソフィー（哲学）が、そこに端的に表れていたように思える。言うまでもなく、李登輝総統の世界史に残る功績は、不可能と思われた台湾の民主化を実現したことである。それは、具体的には、独裁国家から民主主義国家への変革の実現であるが、実現された近代国家においては、法治主義が貫かれ、法律による国民の統治が行われる。したがって、陳総統のやったことにも一理があるとも言えるが、法律に関しては、統治の一翼を担う官僚にその専門家をおけば良い。最高指導者は、法律というものへの正しい理解さえあれば、何も法律の専門家である必要はないはずである。しかし李先生の激しい批判は、このレベルの話ではなく、政治思想の根幹に関わっているものと言える。すなわち、李先生の政治信条に強力な「徳治主義」があると思われる。とするなら、人徳によって国民を導いていくのが最高指導者の王道であり、その観点からすれば、陳総統の人格に関わるスキャンダルなどの問題は許しがたく、それが激怒につながったと言える。

私はここに政治のあるべき姿を見た気がする。李先生は、二〇〇七年の時点で、日本の政治に関して、安倍晋三首相に大きな期待を寄せられていた。そしてそれは今なお変わることがない。確かに日本の政治状況から見て、安倍政権の目指してきた政治の方向性が間違っているとは言えない。しかし安倍首相に徳治主義の考え方があるとはとうてい思えず、日本の現状を嘆く以外なくなってしまう。ただ見方を変えれば、この政治状況は、日本社会における教養主義、人格主義の衰退の結果とも言える。李先生の、豊かな教養に裏打ちされた、たぐい稀な高潔な人格に触れると、そう思わざるを得ない。

政治の話としては、李先生が台湾政治の民主化に際して導入された公選制度についての話もあり、当時、日本では首相公選制度導入が話題となっていたこともあって、話がこれに及んだ。もし日本が早くから公選制度を採用していたら、長嶋茂雄首相が実現していたであろう、という的確な指摘に、私は思わずうなってしまった。このエピソードをどのように感じられるかは読者にお任せするとして、私には、教養を高め人格を陶冶しなければならないのは、最高指導者だけではなく、日本の国民全体だと思った。

多くの識者が指摘するように、李先生の政治的な視野は、非常にグローバルなものである。この点で私の印象に残っているのは、シーレーンに沿った島嶼《とうしょ》諸国の連帯の重要性を強調されたことである。これは日本から台湾を経てフィリピンからインドネシアまでの島嶼諸国が大陸を包囲する必要があることを示している。話は当然に、それがなぜ台湾と日本それぞれにとって重要で、今後、両国がとるべき道にまで及んだ。台湾が大陸に飲み込まれれば、日本の存立も危うくなる。台湾と日本は運命共同体なのだ、という李先生の見解は、当時の私にとって非常に衝撃的であった。あれから一〇年余の歳月を経て、日本の識者の間にもこうした見解がかなり浸透してきてはいるが、当時としては、私の無知ゆえのみではなく、日本の識者に大陸寄りの人間が多いこともあって、危機感を持っていた日本人は限られていたと思う。

三　原点としての農業経済学

前節二において、二〇〇七年に李先生から直接聞いた政治的な話について書いた。不可能と思われていた台湾の民主化、それを成し遂げたことが、李先生の歴史に残る最大の功績であることは間違いない。私は一介の農業経済学者、それも学界を早期にドロップアウトした異端児に過ぎない。このような私が、李先生の政治的業績を論じることに意味があるとは思えないので、それは政治学者に任せるとしても、どうしても書いておかなければならないことがある。それは、李先生が目指されていたのは政治家ではなく、農業経済学を専門とする学者だったことである。

李先生は、昭和一八年（一九四三年）に京都帝国大学農学部農林経済学科に入学、同年一二月に学徒出陣、日本の敗戦後には、台湾大学に編入学、日本でと同じように農業経済学を専門とされて、三年後（一九四九年）に学士号を取得、間もなく助手に採用された。さらに一九五一年にアメリカの中美基金奨学金を得てアイオワ州立大学に留学、三年間で修士号を取得、帰国後に講師に昇任すると同時に農林庁技師および農業経済分析係長に就任された（一九五四年）。博士号取得のために再度渡米するまでには一三年の歳月を要したが、この間に助教授に昇任、今度はロックフェラー財団の奨学金を得てコーネル大学に留学、ここでも三年で農業経済学博士号を取得された（一九六八年）。この際の博士論文は、全米最優秀農業経済学賞を受賞、これによって農業経済学者として一躍脚光を浴びることになった。そして帰国後に教授に昇任された。

アメリカで修士号や博士号を取得して本国に帰って大学に就職という経歴は、日本の農業経済学の世界でも珍しくないが、李先生のように農業実践と深くかかわる仕事を兼務するようなことはない。李先生は、助教授昇任時には聯合農村復興委員会技正に就任（後に農業経済組長）していたが、アメリカでの博士号取得後の国際的名声によって、蔣経国（当時、行政院副院長）に農業専門家として用いられたことが、政治の世界への道につながった。したがって、一九七八年に台北市長に就任、台湾大学教授と聯合農村復興委員会顧問を辞任するまでの二五年にわたり李先生は、大学教授という農業経済学者と、農業実践と深くかかわる実務官という二足の草鞋を履いておられたことになる。

蔣経国に台北市長に抜擢されたとき、必ずしも喜んで着任したわけではない、と李先生は私に話された。それにもかかわらず、就任するやいなや全エネルギーをその職に注がれたのは、台北市長となることで、より農業実践に貢献することができたからであり、李先生がいかに農業経済学者として農業実践を重視されていたかを知ることができる。

二〇〇七年に聞いた農業経済学と農業実践に関する話の中では、強く印象に残っている話が二つある。一つは京大農学部で受講された講義についてであり、もう一つは台北市長時代にこの地域の農業振興のために行った具体的な施策についてである。

後者に関しては、台北市の山間地域にお茶の栽培を振興して成果をあげた話が、わが父祐賢が奈良の山間部のお茶栽培振興に尽くしたことと共通していて、とりわけ興味深かった。また日本農業について、観光と結びつけた農業振興をアドバイスされたが、その後の一〇年で道の駅と結びついた農業振興が進んでいることを考えると、その先見性には驚くほかない。

前者の京都大学農学部での講義の話に関しては、李先生の性格からであろう、たくさんの講義を聴かれたようだった。しかしその中で長く印象深く残っているのは二つだと言われた。おそらく半期講義だったろうが、最初から最後までイモの話ばかりの講義があり、李先生は呆れられたようだが、その講義は台湾農業の実践的指導の際、非常に役立ったそうである。

もう一つの講義がわが父祐賢の講義であったそうだ。当時父は人文科学研究所（人文研）の助教授、恩師橋本傳左衛門は、加藤完治や那須皓等と共に満蒙開拓を推進した一人であり、その下で満州の農村調査を行い、博士論文を作成中であった。しかしこの博士論文は、一般的な農業経済学のものとは、非常に性格を異にしていた。人文研での直接の上司は西田幾多郎の直弟子高坂正顕《こうさかまさあき》（国際政治学者として有名な故高坂正堯《まさたか》の父）、西田の数いる弟子の中でも頭脳明晰で知られており、父は彼の直接指導によって哲学を習得していた。

父は、中学生の時に跳び箱で向こう脛《ずね》を強打し、それが原因で骨膜炎を患い、足の切断を余儀なくせざるを得ないほどであったが、地元の医師の献身的な努力により、三年間は床に伏せざるを得なかったとはいえ、足を切り落とさずに済んだ。この三年間は、父に生死の問題を内省的に考えさせる（フィロゾフィーレンの）期間となった。そのようなこともあり、高坂の哲学指導を、父は渇したものが水を飲むが如く、受け入れた。

またこの頃は人文研の第一期黄金時代であり、小島祐馬《おじますけま》、安部健夫等の中国史の専門家、後に人文研に統合される東方文化研究所には貝塚茂樹等の中国文学を専門とする錚々たるメンバーが揃っていた。このような環境での北支（中国北部）を対象とした博士論文は、まったく異色のものとならざるを得なかった。

所属が農学部農林経済学科ではなかったので、父の講義は半期の特別講義だったに違いないが、この講義を聴いたことによって、「一〇〇年経っても恩師は恩師」という思いをもった、と李先生は私にはっきりと言われた。それが何故だったかと言えば、切望されていた講義に出会われたからだと思う。父の博士論文は、昭和二二～三年に刊行された『経済秩序個性論』全三巻であるが、その前には『北支の農村経済社会―その構造と展開』が昭和一九年六月に刊行されている（序は昭和一八年九月に書かれている）。それを読めば、わが父祐賢がいかに北支の農村社会に深く入り込み、その経済秩序を丹念に研究していたかがわかる。

日本人として成人しながら、その出自は客家《はっか》という中国人である李先生にとって、中国人と日本人との違いという問題を考察することは、避けて通れないことであり、しかも南満洲鉄道（満鉄）への就職も考えていたというのであるから、父祐賢の講義は、李先生の求めていた講義とまさに奇跡に近い符合であったと言える。さらに若い日から強い自我意識を克服するために哲学的思索（フィロゾフィーレン）を重ねてきた李先生にとって、京都学派の哲学をバックボーンとした講義となれば、感銘を受けないはずはなかった。「出会い」とは、ほんとうに不可思議なものである。

李先生とわが父祐賢の思想的共鳴については、本書の主題であり、これ以上は後章に譲るとして、ここではもう少し出会いというものについて書いておくことにする。

これまで私には、台湾と日本のマスコミの取材を受ける機会が何度もあった。その際、いつも出てくる質問は、学生時代以降、李先生とわが父の間に私的な交流があったのかということである。人間関係を対象的・物的に見て、時間的長さで判断しようとしているのであろう。しかし人間の生き方を決定づけるような出会いというものは、こうした物的な事柄ではなく、心的なものである。心的な出会いの衝撃性は、決して時間の長さではばかれない。

次に多い質問は、学生時代に李先生がわが家を訪問したことがあるのか、というものである。これを尋ねられても、私の生まれる以前の話であり、私はその場の雰囲気に合わせて適当な答えをしてきた。しかし訪問の可能性はあったと思う。というのは、私の母には、父のために少しでも役立ちたいという強い気持ちがあり、学生の世話を非常によくした人だったからである。訪ねてくる学生は非常に多かった。しかも学徒出陣組の学生には、その後長く交際があった人が多く、しかも偉くなった人も多かった。その人達から、戦後の食糧難の時代に、わが家ですき焼きを食べさせてもらった、という話が出たくらいであるから、母の面倒見の良さは並外れていたのであろう。

さらにマスコミにとって気になることは、父が学生時代の李先生を覚えていたのか、ということのようだ。しかしよく考えてみれば、約三〇人の少人数とは言え、父が農林経済学科の教官として勤めていた間には、一〇〇〇人を遙かに超える卒業生が出ている。李先生は、学生時代は岩里政男という日本名であり、戦後は京都大学には戻らなかったのだから、覚えていない方が普通であろう。しかし父は、李先生の訪問が決まった後、「でっかい男だった」と言った。その意味が、身体が大きかったことか、大物の相があったことだったのかはわからないが、それが「百年経っても師弟は師弟。だがこの人は天下人だ」という言葉につながったことは間違いないであろう。

もう一つ京都大学での学生時代と関わることを付け加えたい。二〇〇五年以降、私は李先生について少しずつ勉強をするようになったが、その中で、大陸でも台湾でも、「李登輝は日本人になりたかったのだ」という言説があることを知った。これについて私は、当初はそういう解釈もあるのかなあ、という程度にしか思っていなかった。しかし最近になって、敗戦後、李先生が一時京都に戻り、自らの今後について熟考された時期があったことを知った。

おそらくほとんどの人が知らないことだと思うが、学徒出陣した学生に、京都大学は敗戦後、大学に戻るようにと連絡した。その際、同時に、戻らない場合でも、卒業を認定すると付け加えた。私が何故これを知ったかというと、私は二〇〇四年の京都大学がとった李先生への対応にどうしても納得がいかず、二〇〇九年に李先生の母校訪問を実現するため、寄附講座を立ち上げた。そのスポンサーは、学徒出陣組で父の教え子だった、日本におけるホームセンター隆盛の草分けである岡本正さんである。彼は大学には戻らず、闇市から事業を興して実業界で成功を収めた京都大学農林経済学科の卒業生である。

李先生が、熟考の上、京大に戻らず台湾大学に編入学したという事実から言えることは、李先生の念頭にあったのが、決して日本ではなく、あくまでも台湾であった、ということである。そうでなければ、歴史に名を残すような偉業が成し遂げられるはずもない。それは、まさに李先生の台湾を思う一念が岩に穴を開けた結果なのである。

以上のことから、李先生の原点が必ずしも政治ではなく、農業経済学であったことはわかったが、それでは旧制高校から大学に進学する際、なぜ京都帝国大学農学部農林経済学科が選択されたのか、という疑問が湧いてくる。

四　自我の克服が道をひらいた

李先生は、自らが自我の強い人間として生まれた、ということをよく言ったり書いたりされている。しかも警察官だった父の転勤が多かったことで、度々転校を余儀なくされ、友達ができず孤独だったことで、その性格がさらに激しさを増したという。この強い自我の克服のための努力が、李先生の思想形成に大きな影響を与えたようだ。

ただこの点に関しては、本書の主題に関わることなので、詳細は後章に譲るが、李先生は旧制中学・高校時代、日本の教養教育においてよく読まれた書物はほとんど読み尽くされたという。その中でももっとも影響の大きかったのは、新渡戸稲造の『武士道』だったことは間違いない。この書物は英語で書かれたものであり、日本の武士道精神と新渡戸の名を世界に知らしめたが、二〇〇三年に出版された李登輝『「武士道」解題』を読めば、この書が李先生にいかに大きな影響を与えたかをよく理解できる。

新渡戸は札幌農学校の二期生であり、クラークの精神を受け継いだ農業経済学者である。『武士道』出版の二年前には『農業本論』という大部の書物を著しているが、これはわが父や私の学問である「農学原論」の草分け的な書物と言ってよい。新渡戸の台湾との関係は、総督府の農業担当の技官として台湾の糖業振興に尽力したことによってもたらされた。彼が病身で健康回復のためにアメリカで療養中だった時、同郷の後藤新平が児玉源太郎第三代台湾総督に抜擢されて台湾総督府民政長官に着任、彼が同郷の新渡戸に協力を懇請、意気に感じてその職に就き台湾農業発展の礎を築いたのである。

李先生は、旧制台北高等学校時代、抜群に優秀な成績だったという。したがって大学に進学する際、どのような選択も可能であったはずである。事実、母は医学の道に進むことを望んでいたし、法学の道を勧める先生もいた。にもかかわらず農業経済学の道を選んだのは、やはり何よりも新渡戸稲造との出会いがあったからだと言える。新渡戸は、自我の超克という思想的な面での李先生への影響が必ずしも大きかった訳ではないが、台湾農業の発展のために実践躬行《きゅうこう》した彼の姿を知れば、人一倍情熱的な李先生の若き魂を駆り立てないはずはなかった。李先生には、満鉄に就職し、満蒙開拓という実践躬行をしたいという希望さえあったのだから、大学進学に際して農業経済学の道を選ぶのは自然の流れだったと言える。

ただ農業経済学の道に進むにしても、なぜ京都帝国大学が選ばれたのかという疑問が残る。成績優秀だった李先生には、最高峰の東京帝国大学や、新渡戸稲造ゆかりの北海道帝国大学という選択肢もあったはずである。確かに新渡戸は、一九〇三年（明治三六年）には京都帝国大学法科大学教授を兼ね、台湾での実績を基に植民政策を講じたこともある。しかしそれが李先生の選択につながったとは思われない。別の理由があったに違いない。

李先生が自らの人並みはずれた強い自我克服に成功したのは、旧制中学・高校時代の教育のおかげだったという。そこでは本国での教養書がテキストとして使われるとともに、学生が主体的に教養書に立ち向かう雰囲気があった。とりわけ勉強家の李先生は、ありとあらゆる教養書を渉猟されたという。新渡戸の『武士道』へは、旧制台北高等学校時代に授業で採用されて原書で読んだトーマス・カーライルの『衣装哲学』が媒介となったが、それ以前に西田幾多郎『善の研究』、鈴木大拙『禅と日本文化』を読んでいたことが、京都帝国大学への進学を決定づけた、と私は考えている。

李先生は、自我の超克のため度々参禅していたという。鈴木大拙は日本文化の根底に禅があることを示し、禅を世界に広めた人物である。西田幾多郎は鈴木と同郷で、二人は旧制第四高等学校で知り合い、生涯の友となった。西田の『善の研究』は、座禅によって獲得した哲学的思想が結実したものだとされている。そしてそれはその後「西田哲学」として完成され、京都大学は西田に教えを請う俊秀が集うようになり、京都学派と呼ばれる哲学の拠点となった。とするなら、李先生が京都学派の哲学に魅力を感じ、京都帝国大学を選択されたとしても、何の不思議もない。そしてその選択が、李先生とわが父祐賢の運命的な出会いをもたらしたのである。

五　人生の不可思議

ここまで書き進んできて、いま私が強く思うことは、人生の不可思議ということである。台湾と日本で異なる人生を歩んで来た李先生とわが父祐賢が、京都帝国大学農学部農林経済学科で出会って共鳴、「百年経っても師弟は師弟」という関係となり、六一年の歳月を経て再会、これだけとっても、これが偶然なのか必然なのかわからなくなるほど不可思議である。しかし不可思議はこれだけにとどまらない。話はすでに本書の主題である「李先生とわが父祐賢の関係を西田哲学で説く」ということの入口にまで来たが、私は本論に入る前に、もう少しこの不可思議について書いておきたい。

西田哲学は悲哀の哲学である、ということはよく知られている。もちろんそこには哲学的な深い意味があるが、現実的には具体的な悲しい出来事が悲哀の気持ちを生む。西田の人生は、人並み外れた悲哀に満ちていたことは事実であるが、悲哀の哲学として語り継がれるようになったきっかけは、鈴木大拙と同様に西田の盟友で、国文学者の藤岡作太郎の著書の序文であった。この序文の朗読は、西田の生まれ故郷石川県河北郡宇ノ気町（現在かほく市内日角井）に建てられた西田幾多郎哲学記念館で常に流されており、日頃哲学とは縁のない人間でさえ、涙を誘われるものである。わが子（長男謙）に先立たれた西田が、同じ境遇にあった藤岡の著書の序文に、真情を吐露したこの序文、これは親にとって子に先立たれるほどの悲哀はない、ということを示している。とりわけ父親にとっては、長男の死はなおさらである。

いま私は、李先生とわが父祐賢の関係を西田哲学で説こうとしている。西田幾多郎を含め、この三人の父は、ともに長男に先立たれている。これは単なる偶然に過ぎないのであろうか。

李先生が長男憲文氏について語られることは少ない。わが父も兄尚史について語ることは少なかった。私は母から兄の話を聞き、母の悲しみが如何に深いものであったかを知っているだけである。しかし沈黙が言葉を上回ることもある。李先生の悲しみ、わが父祐賢の悲しみは、西田が吐露した真情に勝るとも劣ることはなかったはずである。そしてこの三人の父は、この悲哀を乗り越え、人生の使命を成し遂げたのだと思う。

第三章　西田哲学を理解するために

一　哲学するとは？

　哲学という言葉は、小学生でも知っている。事実、私は小学生の時、哲学という言葉を知った。はじめて学校の図書室に入った時、哲学という言葉が何か不思議な縁を携えて飛び込んできた。日本では、図書分類法の一は哲学である。図書館では、書物が哲学関係のものから並べられている。人々は、知らず知らずに哲学という言葉を知るようになり、哲学を知らないという人はほとんどいない。

　しかしそれでは、哲学とは何か、と問われるなら、誰もが説明に窮してしまう。「わかっているつもり」の典型的な言葉といわざるを得ない。電子辞書には、「ギリシア語のphilosophiaに由来し、『sophia（智）をphilein（愛する）』という意」と書かれている。もちろん哲学に興味を持つ人なら、このことは知っているであろう。

私は小学校六年生の時、盲腸を手術したが、当時でも一週間も経たずに元気になれたにもかかわらず、私の場合、二ヶ月の間、原因不明の熱が引かず、床に伏せったままであった。そして死の恐怖に襲われ、その後、生死の問題が頭から離れなくなった。高校生の時、教師の薦めで、カール・ヒルティの『幸福論』を何度も読んだが、必ずしも心の平安を得られたわけではなかった。しかしこのことが私に哲学に対する強い関心を抱かせたことは間違いない。私は大学で哲学を勉強したいと考えたが、哲学では飯は食えないというアドバイスや、私の学力不足などから京都大学文学部の哲学科は諦め、農学部農林経済学科に入学した。しかし大学進学後も哲学に対する関心を失ったわけではなかった。最初に読んだ哲学書は、高坂正顕『哲学は何のために』であった。これによって私は、前述の電子辞書に書かれているような哲学に関する一般的な説明を身につけた。

電子辞書には、「一．世界・人生などの根本原理を追求する学問。古代ギリシアでは学問一般として自然を含む多くの対象を包括していたが、のち諸学が分化・独立することによって、その対象領域が限定されていった。しかし、知識の体系としての諸学の根底をなすという性格は常に失われない。認識論・論理学・存在論・倫理学・美学などの領域を含む。二．各人の経験に基づく人生観や世界観。また、物事を統一的に把握する理念。」とあり、哲学がおよそどのようなものであるかが理解できる。ただ一と二とは必ずしも同じものをさしておらず、これが哲学を訳のわからないものにしているところがある。

そもそも哲学という言葉は翻訳語であり、明治期に西周《にしあまね》がフィロソフィア（フィロソフィー）に希哲学という言葉をあてた時には、本来の意味である「愛知」の意味を表そうとしたのであろうが、日本語の字義としては「明晰を希求する学問」ということになってしまい、知を愛するという意味が前面に出てこなくなった。そしてこの言葉から希がとれて哲学になったことを考えると、哲学は日本で生まれたものだ、とさえ言えるかも知れない。そして字義から内容が理解できない、訳のわからない学問となってしまった。私が学生時代に読んだ高坂の書物では、そのためドイツ語を使って、フィロゾフィー（名詞）とフィロゾフィーレン（動詞）は異なり、哲学を学ぶものは最低限、「哲学」と「哲学すること」を区別して考えなければならないと教えていた。

ソクラテス以来、フィロソフィーには二〇〇〇年以上の歴史がある。この間、知を愛した偉大な思想家は数知れず、ここにおいても個々の哲人の思想や、個々の時代を支配していたフィロソフィーの潮流がどのようなものであったかを解明する学問が成立してくる。それはいわば文献学・解釈学であり、日本で哲学と呼ばれているものと共通性があることも間違いない。しかし高坂がいうように、それは、偉大な哲人が「哲学した」こととは異なるものであり、本来、哲学することは万人に開かれたものである。日本の大学で教えられていることは、哲学することでも、それを促すことでもない。これでは、哲学が学生にとっておもしろいはずはない。

　ところで哲学は、その長い歴史の中で絶えず変化しつづけてきたが、中世から近代への時代の転換期に、コペルニクス的転換と呼べるほど大きな状況変化に直面した。それは科学の哲学からの分離・独立という変化である。

　西欧における愛知すなわちフィロソフィーという独特の精神は、それを実現する場所を求め、一二世紀にはイタリアのボローニャに大学が生まれた。大学は、当初、知を求める人々のギルドとも言える集団であり、教師と学生の団体だったが、それは次第に校舎を備えるようになり、一四世紀にもなるとヨーロッパ各所で隆盛を誇った。ヨーロッパ中世は、社会全体がキリスト教の秩序にしたがって動いており、大学も神学を中心に、法学、医学、哲学の四学部から構成されていた。神学はキリスト教の教義の探究という特別な学問であったが、法学はキリスト教下での人間活動の法による秩序維持、医学は健康維持という、いずれも実践的な知の探究をする学問であった。知ることを愛する純粋な認識を目的とする学問は、したがってフィロソフィーとして一括して統合され、哲学部で探究されていたのである。

　しかし時代を経るにつれ、人間の活動が、多方面で知識を深化・拡大させ、科学は哲学の枠を超えて発達するようになった。このような背景の下に、一七世紀にはルネ・デカルトが現れ、それまでのキリスト教信仰に基づいて真理を獲得するというスコラ的な哲学を一掃、一八世紀になると第一次産業革命もはじまり、科学は哲学から完全に独立してしまった。そして一九世紀初頭にベルリン大学が創設され、真理探究の場は近代大学に移り、ここにおいては科学が圧倒的な力を持ち、哲学は科学に追随している観さえある。

二　哲学と科学

哲学すること、すなわちフィロゾフィーレンが万人に開かれたものである以上、哲学をどう捉えるかは、人それぞれであり、哲学する人の数だけ哲学の規定があることになる。わが父祐賢は、農学の哲学である農学原論を展開するにあたり、哲学を「批判の学」だと捉えた。すなわち農学の現在のあり方を批判することが農学の哲学、すなわち農学原論であるとしたのである。このことは、「農学とは何か?」を問い、農学の理想と現実との不一致を正すことにつながる。これは、科学が目指している知の探究とは、根本的に異なる態度である。科学は、現実を対象的に捉え、その対象を正確で客観的に認識することに徹する。その結果、哲学と科学はそれぞれに独自の展開をし、それぞれ異なる性格を現すことになる。例えば、科学は主観の徹底的な排除という性格を持つが、哲学ではむしろ主観が知の探究の出発点であると言える。

いずれにしろ、中世においては哲学の中で展開されていた科学が、近代に入って完全に哲学から分離・独立して、各分科で飛躍的に発達した。そのきっかけとなったのがデカルトのフィロソフィーだったのである。デカルトは、キリスト教信仰によって真理に到達できるということに疑問を抱き、ありとあらゆる存在を疑ったが、最終的に「我思う、ゆえに我在り」（コギト・エルゴ・スム）というところに到達した。これは一方で主観の存在を疑い得ないものだとするとともに、客観を主観から解放することにつながった。主観から解放された科学は、その客観性を徹底するために、主観の出所である人間をも具体的・物的側面でのみ捉えて研究対象にし、主観をその認識から徹底的に排除する。それは、哲学的には唯物論とさえ言え、哲学はある意味では形而上学に限定されてしまった。

それでは、哲学と科学とでは研究の対象が異なるのであろうか。確かに上述したように、科学は知の探究において主観を徹底的に排除するのに対し、哲学は主観から出発するのであるから、対象が異なるとも言えるが、中世までは同じ哲学部で知の探究が行われていたのであるから、対象が異なるとも言い切れない。むしろ対象という点では全体的認識か部分的認識かという違いであり、科学と哲学の違いが決定的なのは、対象ではなくその方法だと言える。

わが父祐賢は、両者の方法を反省的方法と構成的方法として区別した。農学の哲学では、哲学する者があたかも自らが農学という存在になったかの如くそのあり方を批判するのであるから、それは内省の学であり、その方法は反省的方法だと言ってよい。わが父より一足早く、医

学分野の哲学を医学概論として展開した澤瀉久敬《おもだかひさゆき》は、

「真の学問は現実に根拠をもたねばならぬ。その根拠を与えるのが哲学的直観であり、その実在直観という土台の上に築き上げられる鞏固な思想の建築が、哲学という学問である。」（澤瀉久敬『医学の哲学』、誠信書房、一九六四年、一八八頁）

と記している。とするなら、哲学と科学の違いはその方法にあり、その違いは直観か分別かということになって、わが父の理解と軌を一にしていることになる。

「哲学とは？」ということで始めた考察、医学の場合は「医学とは？」、農学の場合は「農学とは？」と問うことが、医学概論や農学原論の出発点であることから、「何々とは？」と問うことが哲学の出発点であることがわかる。「何々とは？」と問うことは、あたかも自らが何々になったかのごとく、主観の立場から、主観と客観を分離・分化することなく無前提に考察を進めることである。それは科学の場合とは、決定的に異なった方法に則って行うものである。

それに対して科学の場合には、医学や農学というものを措定、すなわちとりあえず在るものとして肯定して、主観と客観を分離・分化し、主観を徹底的に排除して客観に徹して事実を解明するのである。しかも科学は、日常的な認識とは異なり、厳密性、論理整合性、明晰性を徹底的に追求するため、どんどん認識対象を狭めていく。科学が時の経過とともに、ますます細分化していくのはそのためである。そして近代社会の発展が科学の成果によってもたらされて

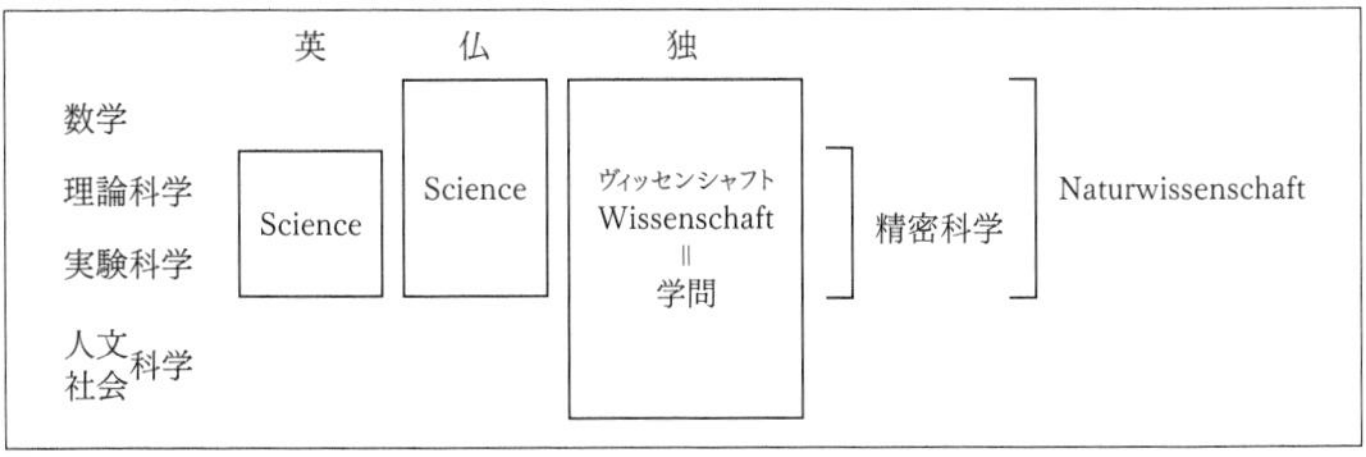

マースの科学図式

きたことから、今日では科学主義があらゆる領域で支配するようになってしまっている。

この科学主義という点で注意を要することがある。すでに哲学が「わかっているつもり」の代表的言葉だと書いた。それに対して科学という言葉ほどはっきりとしている言葉はない。科学は分科学の省略語である。そしてここでは、客観に徹して主観が完全に排除される。ただここで気をつけなければならないことは、現実から主観を完全に排除することなど出来ない、ということである。このことを踏まえた上で科学という言葉を使うことが重要である。

私はこれまでも、科学と訳されるサイエンス（英語）と、同じように訳されるヴィッセンシャフト（ドイツ語）の内容が異なっていることに注意喚起してきた。その違いは、マースの科学図式によって理解することが出来る。

いずれにしろ、科学という言葉がはっきりしているだけに、その使い方はどうしても極端に走ってしまい、科学主義というイデオロギー（行動や生活の仕方を根底的に制約している観念信条の体系）に陥ってしまいがちである。このことをどう評価するかは、哲学的に重要なことだが、私には、科学哲学者村上陽一郎氏が『科学の現在を問う』の中で書いているエピソードがたいへん示唆に富んだ、決して無視できないことだと思える。

村上氏は、一九七五年頃に高等学校の教科内容が改訂され、物理学・化学・生物学・地学の四教科にこだわらずに、理科の全体像をつかむことを目的に考案された「理科Ⅰ」（一九七三年の学習指導要領では「基礎理科」、一九八三年からこの名称になっている）の教科書作りにおいて、ある教科書会社に協力しなければならなくなったそうである。そして次のように記している。

「理科全体と言っても、「理科Ⅰ」で扱うべきものとして、やはり上の四教科に関連した項目が、指導要領のなかで文部省によって指定されている。たまたま私は物理学に関連する「慣性」という概念の説明の部分を受け持つことになった。私は次のような原案を造った。「物体はいろいろな運動状態にあります。静止している、あるいは運動している。慣性というのは、そうした物体の持つ性質であって、外から力が加わらない限り、今の運動状態を続けようとする性質のことを言います」
大学の先生方を集めた編集委員会は通ったこの文章が、社内の審査で引っかかった。「これではだめです」「どこがだめですか」「それがお判りになりませんか、それでは理科教育の本質が判っていないことになりますよ」そんなやり取りがあった。それでも私は判らなかった。読者は上の文章のどこが「だめ」かお判りですか。

会社の担当者の説明はこうだった。最後の文章の実質上の主語は「物体」である。それが受けている動詞は「続けようとする」である。そのなかの「う」というのは意志を表す助動詞である。「物体」が「意志」を持つ、というのはともすれば子供たちが抱きがちな非科学的な考え方で、理科教育の目的の一つは、そうした非科学的な考え方を子供たちの頭から追い出すことにある。上の文章は、その目的に真っ向から反している。そういうわけで問題の個所は「今の運動状態を続ける傾向を持つ」と修正されたのであった。」（村上陽一郎『科学の現在を問う』講談社現代新書1500、二〇〇〇年、一〇〜一二頁）

そしてこの長い引用文の結論として、

「科学とは、この世界に起こる現象の説明や記述から、「こころ」に関する用語を徹底的に排除する知的活動なのである。言い換えれば、「この世界のなかに起こるすべての現象を、ものの振る舞いとして記述し説明しようとする」活動こそ科学なのである。」（同上書一二頁）

とした上で、

「科学は知識のなかから非唯物論的要素、あるいは心的要素をそぎ落とすことを、自己の

責務としたのであった。」(同上書一三頁)

というのである。私も村上と同じように、本書の読者に、このエピソードについてどう思われるか問うてみたい。

科学主義は一つのイデオロギーであり、ある意味、唯物論なのである。とするなら、われわれは学校教育の中で、幼い頃から唯物論をたたき込まれていることになる。わが国の文部行政の中では、哲学という言葉の評判が良くないが、それも当然なことなのかもしれない。澤瀉の医学概論やわが父の農学原論は、このような科学主義の中で、哲学の重要性を主張するものであり、科学主義の限界を示そうとするものだと言えよう。

三　合理主義哲学による科学の根拠づけ

澤瀉久敬の『医学概論』全三巻、総ページ数七三八の大著が完成したのは一九六〇年である。各巻には、「科学について」、「生命について」、「医学について」という副題が付いている。第一巻の副題が意味するのは、医学の哲学を展開する上で、科学と哲学の違いを明らかにする必要があるということである。第二巻は一転して哲学論である。ここでは生命が対象的に捉えられているのではない。「生命」という主体の立場に立って哲学すれば、実在とはどのようになるかというフィロソフィーそのものである。科学主義イデオロギーが支配する近代においては、「哲学とは何か」について、これだけの準備をした上で、「医学とは何か」を問わざるを得ないのである。ベルグソンの哲学を研究していた澤瀉が、大阪大学の医学概論を担当することを引き受けたのは一九四一年であり、一九四五年の第一巻刊行を経て、約二〇年かけてようやく全巻が完成したことになる。

わが父祐賢の『農学原論』が刊行されたのは、澤瀉の『医学概論』の完成に遅れること二年、一九六二年のことである。博士論文の完成が一九四七年であり、その後は農学哲学の完成を目指し、自ら文部省等と交渉し、血と汗の結晶として一九五二年に農学原論講座を設立、就任三年で農学部農林経済学科農史講座担当教授を辞して、この講座の担当教授となったことを考えると、わが父が澤瀉とほぼ同じ時期に、農学の哲学構築のために格闘していたことがわかる。

ここで注意を要することは、澤瀉にしてもわが父にしても、医学と農学を科学として捉えていたことである。今日でも完全には払拭されていない「科学は知ることを純粋に追究するものだ」という考え方は、当時は圧倒的な支配力をもっていた。科学にしても哲学にしても人間の活動に基づくものであり、時代に制約されるものだから、どのような理解であっても、今の時代にそのまま適用できないが、そのことを踏まえた上で、医学や農学を科学と捉えると、どのような展開になるか、もう少し見ていくことにする。

一七世紀にデカルトから始まった合理主義哲学は、一八世紀にはイマヌエル・カントによって完成される。カントは『純粋理性批判』『実践理性批判』『判断力批判』において、知の根源である認識を、理性によって統一的に説明した。カントが科学と考えたものは、自然科学的なものだけであり、彼は、最終的に科学的認識の限界をも示そうとはしていたが、いずれにしても自然科学は彼によって明確に根拠づけされることになった。

ここで気をつけなければならないことは、カントが哲学を批判の学としていることと、彼によって合理主義哲学が完成されて以降、哲学はこれに依拠するにしろ反対するにしろ、これを巡って展開したことである。したがって澤瀉にしてもわが父にしても、この延長線上に哲学を批判の学として、医学概論と農学原論を展開したのである。また二人とも京都学派哲学の流れを汲んでおり（とりわけ田辺元の影響が大きい）、ここでもカントの影響はきわめて大きかっただけでなく、この学派の開祖である西田幾多郎においても、それは例外ではなかった。

ところで、科学とは分科学を短縮した言葉であり、中世における自然哲学から独立した自然科学がもっとも科学らしい科学だとしても、社会やその歴史を認識対象とした分科学もまた、近代において成立した。自然科学がもっとも科学らしい科学だというのは、ここにおいては主観を完全に排除して客観に徹することが容易だからである。しかし自然科学のみが科学でないことはいうまでもなく、社会や歴史を対象とした科学でも、客観性をいかに確保するかが絶えず追求された。その結果、カント直系の哲学の流れの中から、これを問題にする哲学者が現れた。ヴィルヘルム・ヴィンデルバントから始まる新カント学派の人達である。

この学派の代表的存在であるハインリッヒ・リッケルトによれば、社会的な現実を認識する場合、ある一定の価値を前提にしなければならず、価値判断を逃れることが出来ない。自然科学が普遍的な法則を明らかにするのに対して、これらの科学は、政治・経済・芸術などの文化価値を前提にして、その歴史的個性を記述する学問であるとして、彼はこれらに文化科学という名称を与えた。すなわちリッケルトによって、文化科学は哲学的に根拠づけられ、歴史科学や社会科学などとも呼ばれるようになった。

哲学者ではないが、新カント学派の流れを汲む社会科学者マックス・ヴェーバーは、いかにして社会科学が客観性を獲得するかを徹底的に追究、価値から自由になることを要求した。いわゆるヴェルトフライハイト（価値自由）と呼ばれるこの要求は、社会科学者が、自らが則る主観的な価値がどのようなものであるかを、自らに対してのみならず、他者にも明確に表明し、無限に多様な現実から、その価値に基づき構成要素を切り取り、それを一つの思考像に作り上げる方法を提示した。いわゆるイデアルティプス、理念型（理想類型）がこれである。確かにこれに依拠すれば、主観性を排除できるかもしれないが、出来上がった理念型は反証不可能なものになってしまう。カール・マルクスの唯物史観も、ヴェーバーに言わせれば、理念型ということになろうが、マルクスは労働者階級の革命が共産主義社会を実現させることによって、その理論の正しさが証明されるとした。逆に言えば、ヴェーバーの言う理念型において、依拠する主観の明確化を徹底し、主観を排除して客観性を確立しても、いざ実践となればその行動を規定するのは主観であり、しかも理念型が反証不可能なものなのだから、そこには価値観の対立、すなわち「神々の闘争」が起こることになる。ここに近代社会の最大の問題点が現れてくると言わざるを得ない。

いずれにしても、自然科学はカントによって、文化科学はリッケルトの『文化科学と自然科学』によって、その哲学的な基礎づけがされたのである。

四　科学の分類と第三の科学

わが父祐賢の『農学原論』の最大の功績は、農学を、自然科学とも文化科学（社会・歴史科学）とも異なる、第三の科学分野に属するものとして、この科学分野の根拠づけを成し遂げたことである。自然科学と文化科学の分類は、新カント学派によるものであり、前者を法則定立的、後者を個性記述的としているが、わが父は、それに加えて第三の科学分野を新たに「計画構想的」とした。この際、新カント学派の科学の二分類と同じように、第三の科学分野も方法によって分類されている。またこの場合、科学という言葉は、ドイツ語のヴィッセンシャフトの意味で使われており、英語のサイエンスの意味ではない。

前節ですでに述べたことの繰り返しになるが、科学は、無限に多様な現実を、有限な能力しか持たない人間がいかに正確かつ客観的に認識するかという課題を担っている。そして科学的認識は、日常的認識とは異なり、厳密性・論理整合性・明晰性を極限まで追求するので、それを確保するためには、確固とした方法が必要となる。その際に、もっとも重要となってくるのが「実験」という方法である。社会科学の分野でこの問題ともっとも真剣に取り組んだマックス・ヴェーバーの理念型（イディアルティプス）、理想類型にしても、それは「思考実験」と呼べるものである。これに対して自然科学は、無限に多様な現実の中で問題にしなければならないものの、ごく一部を切り取り（抽象し）、他を捨象して「実験」という作為を仕込み、原因と結果の関係を明らかにするものである。

それでは第三の科学領域に属するものは、何を明らかにしようとするのであろうか。ここでは、ある状態を仮に価値あるものとし（措定し）、それを実現するためにはどのようにすればよいか、ということが追究される。したがって、この分野に属する科学は、目的を実現するための合理的な手段の解明がその任務なのである。この科学が「目的的科学」と呼ばれることがあるのはそのためである。

またその目的が妥当（価値あるものに合致する）と見なされ、それを実現する手段が合理的だと判断されれば、目的を実現するためには、その合理的なものが手段として採用されなければならないことになる。その結果、この科学は「規範科学」と呼ばれることにもなる。

それでは、この第三の科学は、自然科学や社会科学とどのように関係するのであろうか。自然科学は原因—結果（因果）関係の解明だと説明した。それに対して、第三の科学は目的—手段関係の解明である。とするなら今、自然科学が解明した因果関係において、結果が価値あるものであるなら、それは、第三科学における目的となり得るものである。そして結果をもたらす原因が自然科学によって特定されているのであるから、その原因は目的を実現するための手段となる。すなわち、自然科学における原因—結果関係と第三の科学における目的—手段関係とは、正反対の関係なのである。そして第三の科学において、ある目的を達成しようとすれば、自然科学によって解明された、結果をもたらす原因を、手段として利用すれば良いことになる。これが第三の科学が「応用科学」と呼ばれるゆえんなのである。

となると、第三の科学は、単なる科学の応用に過ぎないのであろうか。また最近では科学の成果を利用した人間の営為は科学技術と呼ばれるが、農学は、一つの単なる科学技術なのであろうか。この問題に対して、明確な答えを出したのが、わが父の『農学原論』なのである。この書によって、第三科学は単なる科学の応用ではなく、独自の特質や方法と体系を備えた、確固とした一つの独立科学であることが、明確に示された。

しかし今われわれは、第三の科学が、科学の応用や科学技術であるという考え方に、これ以上、惑わされる必要はないであろう。この同じ科学領域に属するとされる医学のことを考えれば事足りるはずである。今日、医学が単なる科学の応用、科学技術に過ぎないと考える人がいるとは、とても思えない。にもかかわらず、農学ではそれが問題となることについては、もう少し考えておかなければならないであろう。

というのも、農学においては、すでに時代遅れになったと思われる、科学は純粋に認識することだけを目指している、という考え方にいまだに捕らわれているからである。医学は、中世の大学においてさえ、すでに人間の健康維持ないしは増進という実践的な課題を担っていた。そして近代大学においても、医学は人を助けるという実用のために、日々、進歩・発展しているのである。そして近年におけるその進歩ははかりしれず、死に至る病とされた難病さえも克服するまでになっている。それに反して農学は、農業という実践に役立つという姿勢を失い、実用科学だという自覚を持たなかった。そのため農業実践からの乖離《かいり》が生まれ、農業分科学の純粋認識としての自律発展により、一見、栄えているかのように見えても、その使命を果たせずにいるのである。この状況を変えるため、農学を第三の科学と位置づけ、農学に実践躬行を持ち込み、行き詰まっている農学の現状を変革していくことが、いまや喫緊の課題なのである。

なお、科学を純粋認識とする見方が時代遅れだというのは、今日では一般的にも、「科学は利用されてこそのもの」となってしまっているからである。人々も科学という言葉で科学技術を思い浮かべるような時代状況で、農学は完全に取り残されていると言える。

五　フィロソフィーの根源的な問い

ところで皆さんは、「純哲」という言葉をご存じだろうか。おそらくほとんどの方がご存じないであろう。京都大学には現在も純哲と呼ばれる研究室がある。第九代目教授辻村公一とわが父が親しかったこと、私の学生時代以来の友人小川侃《ただし》氏が純哲出身だったことから、この言葉は、私にとっては非常に身近な言葉だった。

京都大学大学院文学研究科哲学研究室の二〇〇九年更新のＨＰには、

「本専修の前身、哲学・哲学史第一講座（哲学）は、一九〇六（明治三九）年の文科大学の創設と同時に設置された。以来、哲学講座・専修は文科大学・文学部と共に年を重ね、本年開設一〇〇周年を迎えるが、その間、在籍した歴代教授・助教授は以下の一二名を数える」（中略）「「純哲」と称された本講座・専修の歩みは、単なる一教室の歴史を超えて、京都大学全体の歴史、ひいては日本の近現代思想史の重要な一コマともなっている」

と記されていた。この一二人の中には、ＨＰの更新時点での助教授と後に他講座で教授に昇進した助教授朝永三十郎（ノーベル物理学賞受賞の朝永振一郎の父）も含まれている。そして何よりも重要なことは、第二代目教授が西田幾多郎《きたろう》、第三代目教授が田辺元《はじめ》なのである。まさに京都の学風を決定づけた京都学派哲学がここから始まっている。

わが父祐賢は、一九三九年から九年半の人文科学研究所勤務時代、西田幾多郎直系の弟子高坂正顕から直接に哲学を教わったが、あくまでも農学の哲学を展開しただけであり、純哲の専門家ではない。澤瀉久敬は九鬼周造の弟子だから純哲の出身と言ってもよいかもしれないが、やはり医学の哲学を生涯の使命としていた。

私は、父の学問を継承し、それに基づいて自らの農学哲学を築くことを使命と考えており、純哲は独学しただけの完全な素人である。しかし素人には素人の強みというものがある。専門家はそれを専門とする集団の一員として、どうしてもその集団全体を支配している考え方に縛られ、自由で突飛な発想をすることが出来ない。突飛な発想はその集団からのドロップアウトを意味するからである。だが素人は気楽である。どれだけ批判され、無視にされても失うものはない。ただ哲学のみならず、どのような学問分野・領域を見渡しても、その考え方を大きく揺り動かすきっかけは、素人の発想であることが多い。私は純哲の素人として、私にしか出来ない西田哲学の理解を提示しようと思う。

まず農学を哲学する場合、あたかも自らを農学そのものであるかのごとく見なし、「農学とは何か?」を問うのが農学哲学であり、そしてこの「〇〇とは何か?」と問うことこそ哲学することの始まりだと私は書いた。しかし農学は、あくまでも私にとっては対象的存在であり、「あたかも自らが農学そのものであるかのごとく」と考えるには擬制が伴う。それでは、擬制なしで「〇〇とは何か?」と問えるのは何かと言えば、それは自己しかない。自己とは、こころと身体を備えた私である。哲学全体としては、農学や医学の哲学をも包括するものであるから、哲学が考察するのは自己に限られているわけではないが、哲学することの根源は、「私とは何か?」であり、純哲とはそれを展開するところだと言える。

それでは、この問いすなわちフィロゾフィーレンが出てくるのはなぜなのか?

フィロソフィーの歴史はギリシア時代までさかのぼる。ここでは人間がこの世に生まれ、その不可思議を自覚したときの「驚き」から出てくる問いだと言われている。確かに真理を突いていると言えるが、しかしこの問いが出てくるのは、驚きからだけではない。西田哲学の場合、それは悲哀から出てくる問いだと、すでに第二章において書いたが、その詳細を記すのは、もう少し先延ばししよう。というのは、そもそも「哲学する」ということ、すなわちフィロゾフィーレンは、デカルト哲学以降に、その重要性が一気に増したのであり、あえてギリシア時代を持ち出す必要がないと思われるからである。科学が自他すなわち主観(主体)と客観(客体）を区別し、主観を徹底的に排除して客観性を貫こうとしたのは近代に入ってからであり、ギリシア時代や中世においては、主体（主観）と客体（客観）は未分離・未分化だったのであるから、「哲学する」すなわちフィロゾフィーレンは、今日のような意味での重要性をもっていなかったと言える。

さらに、主体が根源的な問いを発するきっかけは、人それぞれで異なっている。私の場合、小学校六年生の時に二ヶ月間、床に伏せったときの死への恐怖がきっかけだった。わが父の場合、中学生の時、三年にわたって床に就いた時であっただろう。李先生の場合は、元々自我が強かったところに、小学校時代の度重なる転校によって、友達が出来ず孤独だったことが根源的な問いを発するきっかけだったという。西田幾多郎もまた、おそらく元々自我が強かったと想像されるが、一〇代前半にもっとも身近にあって親しかった姉（西田家次女正）が腸チフスで死に、自らも腸チフスで床に伏せったことがきっかけになったと思われる。

それでは西田の根源的な問いとはどのようなものであったのだろうか。

六　西田哲学における実在

西田幾多郎の根源的問いは、『善の研究』として世に問われた。西田四一歳の時である。この書は、決して満を持して世に出たというのではなく、西田の苦闘の果てに到達した根源的な問いに対する答えの表明であったと思われる。

多くの西田哲学解説者が、前期、後期などと言い、西田哲学の進化について語るように、西田の根源的な問いに対する答えは、絶えず前進・深化していった。したがって『善の研究』にしても、西田のある時期における根源的な問いに対する答えに過ぎない。そのことを西田自らが書き残している。昭和一一年に記されたこの書の「版を新にするに当って」においてである。

「今日から見れば、この書の立場は意識の立場であり、心理主義的とも考えられるであろう。然《しか》非難せられても致方《いたしかた》はない」（西田幾多郎『善の研究』文庫版、岩波書店、一九五〇年、六頁）

というのである。

だが間違ってはならないことは、絶えず答えが前進・深化していくのは、「哲学する」すなわちフィロゾフィーレンの本質だということである。そして西田のような偉大な哲学者には、その背後に生涯不動の思想があり、それが根源的な問いを包み込んでいるのである。

西田はこの記述につづき次のように書いている。

「しかしこの書を書いた時代においても、私の考の奥底に潜むものは単にそれだけのものでなかったと思う。純粋経験の立場は「自覚における直観と反省」に至って、フィヒテの事行《じこう》の立場を介して絶対意志の立場に進み、更に「働くものから見るものへ」の後半において、ギリシャ哲学を介し、一転して「場所」の考に至った。そこに私は私の考を理論化する端緒を得たと思う。」(同上書同頁)

この文章には、数多くいる西田哲学の解説者なら血道を上げるに違いない難解な言葉がちりばめられている。しかしこれらの言葉がわが国の哲学者と呼ばれる人達にとってきわめて重要であるとしても、万人に開かれた根源的な問いである哲学する、すなわちフィロゾフィーレンということにとっては、何の意味もない。しかもいま私がやろうとしていることは、強い自我の克服のため、若き日から根源的問いを発し、西田哲学とも格闘された李登輝先生、そしてやはり若き日から根源的問いを発し、その延長線上に西田の高弟高坂正顕の指導の下、農学の哲学に取り組んでいたわが父祐賢が、京都帝国大学農学部農林経済学科で出会い、共鳴し合ったという事実に、いかに西田哲学が関係していたかを明らかにすることである。したがってわれわれは、難解な言葉など何も気にする必要はない。西田哲学を包み込む、生涯不動の西田の思想こそ重要なのである。

この生涯不動の思想についても、西田は「版を新にするに当って」において、自ら次のように明確に記している。

「私は何の影響によったかは知らないが、早くから実在は現実そのままのものでなければならない、いわゆる物質の世界という如きものはこれから考えられたものに過ぎないという考を有《も》っていた。」（同上書七頁）。

すなわち、西田哲学を包み込む生涯不動の思想の核心は、現実を主客未分離・未分化のまま「ありのまま」に捉えるということなのである。これがわかれば、西田哲学、何も恐れることはない。

しかも西田自身が、彼の根源的な問いを巡って哲学するやり方を、さらに深く自ら明らかにしているではないか。というのも、『善の研究』の成り立ちと構成そのものが、西田の長年にわたる思索の結果であり、西田哲学が最終的に目指しているものを明確に表しているからである。

七　純粋経験から行為的直観へ

西田は、『善の研究』の序において、次のように記している。

「この書は第二編第三編が先ず出来て、第一編第四編という順序に後から附加したものである。第一編は余の思想の根柢である純粋経験の性質を明《あきらか》にしたものであるが、初めて読む人はこれを略する方がよい。第二編は余の哲学的思想を述べたものでこの書の骨子というべきものである。第三編は前編の考を基礎として善を論じた積《つもり》であるが、またこれを独立の倫理学と見ても差支ないと思う。第四編は余が、かねて哲学の終結と考えている宗教について余の考を述べたものである。この編は余が病中の作で不完全の処も多いが、とにかくこれにて余がいおうと思うていることの終まで達したのである。」（同上書三〜四頁）。

西田哲学を理解するために、これ以上に何が必要であろうか。これは、西田自身が、自らの根源的な問いに対して哲学という形式で答えるという明確な表明である。

西田は、自らの根源な問いが「私とは誰か？」という人生の問題であり、それを明らかにするため、自己を底の底まで突き詰め、実在とは何かを追究した。そのことを西田は、次のように記している。

「この書を特に「善の研究」と名づけた訳は、哲学的研究がその前半を占め居るにも拘らず、人生の問題が中心であり、終結であると考えた故である。」（同上書四頁）

そして到達したのが、「純粋経験」を実在と見る立場だったのである。

また西田は、哲学という形式がどのようなものなのかを、倫理学の教師という立場から教えている。すでに本章二の「哲学と科学」で記したように、哲学という形式においては、科学のように主観を排除して対象的かつ客観的に現実を見るのではなく、主客未分離・未分化のまま、直観によって現実を見るのである。そこでは「〇〇とは何か？」という問いそのものが哲学することすなわちフィロゾフィーレンに等しくなるが、西田にとってその問いは、決して最終的に目指しているものではなかった。

西田が目指していたのは、自らの宗教を哲学的形式で表すことであった。

西田が『善の研究』の版を改めるに当たって記しているように、根源的な問いである実在とは何かに対する哲学的な答えは、「純粋経験」であれ、「絶対矛盾的自己同一」であれ、如何に言葉が変わっても、その意味内容は、決して変わらなかった。西田にとって実在とは、主客が合一した「ありのままの現実」である。そして西田が最終的に目指していたのは、自らの宗教を西洋のフィロソフィーという形式で表現することだったのである。

私は、これまでに三度『善の研究』を読了した。学生時代に読了したときには、まったく歯が立たなかった。序には次のように書かれているが、

「個人あって経験あるにあらず、経験あって個人あるのである、個人的区別より経験が根本的であるという考から独我論を脱することができ、」（同上書四頁）

なぜ独我論を脱することができたのかさえ理解できなかった。しかし何故かこの書に「深い懐かしさ」を感じたことも事実である。

その後、この書は本棚に鎮座していたが、二〇〇四年の大晦日に李登輝先生と出会ったことによって、ふたたび読まなければならなくなり、二度目の読了をやり遂げた。さすがにこの時

は十分とは言えないにしても、言わんとすることがある程度はわかった。そして学生時代に読了したときよりいっそう懐かしい気持ちが湧き起こった。

それからすでに約一五年が経過した。本書を書こうと思い立った時、私は先ず『善の研究』を読み始め、三度目の読了をした。その結果、いま私は、西田哲学について、私なりの理解ができるようになったと思うとともに、なぜこの書を読むと懐かしい気持ちになるのかについても、はっきりとわかってしまっている。このことは、この書が目指している「李先生とわが父祐賢の関係を西田哲学によって説く」のためにも非常に重要なことである。しかしそれについて書くのはまだ先にしよう。

李先生とわが父が出会った昭和一八（一九四三）年には、すでに西田哲学は完成していた。しかし二人が格闘したのは、やはり『善の研究』であっただろうし、いまはこれだけで十分である。

というわけで、次章においては、李先生が自我克服のための格闘によって到達した精神的境地がどのようなものであったかについて明らかにしていくことにする。

第四章　色紙が意味するもの

一　誠実自然

わが家には現在、李登輝先生が書かれた色紙が二つ飾られている。二〇〇四年のご来駕の際に、長男尚稔がお願いしていただいたもの（「誠実自然」）と、二〇〇七年に私が台湾に李先生を訪ねた時、同行した次男祐輔がお願いしていただいたもの（「我是不是我的我」）である。それらは、いずれふたりがそれぞれ家を構えた時にその家の家宝になるはずである。

そもそも私が李先生と西田哲学を結びつけて考えるようになったのは、色紙に書かれていた「誠実自然」という言葉からであった。この言葉には、日本人の心を揺さぶるものがあるようだ。私が李先生に書いた手紙の中に出てくる一女学生の例からもわかるように、それは若い世代の心にも響いている（補遺第二章「架け橋としての西田哲学―李登輝先生への手紙」参照）。

私がこの言葉に西田哲学を感じたのには、一つの理由がある。私は、大学入学時以来、座右の銘としている言葉がある。それは「努めるところ 道自ずからひらく」というものである。これについては、補遺『「生きる」ための往生』でも触れたが、私が兄のように慕っていたわが父祐賢のひとりの弟子に父が贈った言葉である。今は私のものとなっている父の博士論文でもある『経済秩序個性論』全三巻の第一巻、表紙裏の一ページ目に書かれていたこの言葉に、私は「誠実自然」と同じものを感じ取ったのである。

「誠実自然」、李先生も「せいじつしぜん」と読んでおられるし、それで何ら問題はないのであるが、本来、この場合の自然は「じねん」と読むべきものだと私は思っている。というのも、西田幾多郎が自らの根源的問いの終結と見なしていた宗教的立場が愚禿親鸞すなわち浄土真宗であり、そこでは、自《じ》然《ねん》法爾《ほうに》こそがもっとも重要だからである。西田は、根源的問いに答えるために生涯にわたりフィロゾフィーレンしつづけた。その後を追うように、李先生もフィロゾフィーレンに苦闘呻吟されて到達したのが「我是不是我的我」すなわち「私は私でない私」という境地であり、それこそが李先生に不可能を可能にさせたものであった。

これは、李先生とわが父祐賢の関係を西田哲学で説くという本書の目的にとっても、非常に重要なことなのだが、その説明はもう少し先延ばしにして、まずは李先生が、根源的問いとの格闘の中で、どのようにその考え方を展開されて、この境地に到達されたかを見ていくことにする。

二　奇跡の台湾民主化

世界史の教科書にも出てくるのであるから、李登輝元総統の名を知らない人は少ないであろう。それでは、李先生について十分に知っているかと問えば、よく知る人は極めて稀だと推察できる。何を隠そう、私自身が一五年前までは、ほぼ名前だけしか知らなかったのだから。

李登輝総統が世界史に残る偉人なのは、台湾の民主化を成し遂げたからである。台湾の民主化がいかに困難なもので、李先生の存在なくしては実現が不可能であったかを知るためには、まずは台湾について知らなければならない。

台湾は、日清戦争の結果、一八九五年に清国から日本に割譲されて日本の植民地となり、日本の領土となった。当時の台湾、美しき島フォルモサと呼ばれるような自然環境ではあったが、少数民族が蟠踞《ばんきょ》する「化外の地」であった。もちろん統一的な言語はなく、蛮族はそれぞれの民族の間での意思疎通のみしか行わず、大陸から移住してきたものも出身地ごとに言語が異なる状況で、明治政府はご多分に漏れず、日本語を公用語として強制した。

しかし日本の植民地支配は、西欧列強のものとは必ずしも同じではなかった。日本も西欧列強の植民地となる可能性があったことも影響しているかもしれないが、日本は台湾の人々を同胞として積極的に教化したのである。もちろん差別がなかったとは言えないであろうが、この教育ということによって、日本と西欧列強の植民地支配は、決定的に異なったものになったと言える。李先生が言われるように、これが台湾人に日本精神（リップンチェンシン）を根づかせ、台湾人のアイデンティティー形成に結びついた。

一九四五年の敗戦によって、日本は台湾から撤退、台湾には大陸の中華民国政府から軍隊が送り込まれ、その管理下に置かれた。しかしこの統治は当初は歓迎されたものの、その実態が明らかになるにつれて不満が蓄積し、ついには一九四七年に不満が爆発して暴動が起こった。この事件は、蔣介石によって南京から大量の援軍が派遣され暴力的かつ徹底的に鎮圧され、二・二八事件という政府による白色テロにまで発展し、戒厳令が敷かれた。それ以降、台湾は蔣介石による独裁支配体制下におかれることになった。そして一九四九年には、国共内戦で毛沢東に敗れた蔣介石が、息子の蔣経国とともに大陸から台湾に逃れて、台北が中華民国の首都と定められた。これによって、蔣介石とともに大陸から移住した約一〇％の外省人が九〇％の本省人（一九四五年以前に台湾に定住していた人々）を支配する、いびつな独裁体制が出来上がったのである。

独裁体制の民主化がいかに困難なことかは、現在の政治状況を想像すれば容易に理解できる。北朝鮮、中国、ロシアなどの独裁体制、民主主義国から見ればまったくおかしなものであっても、如何ともし難いものである。民主主義であるはずの今日の日本を考えても、政治家も官僚も業界人も腐敗しきって自らの利益しか考えず、国民がないがしろにされている。組織という組織は、自己防衛のために虚偽を重ね、内部告発者が出れば暗黙の内に排除される。国民は、何かがおかしいと思っていても、結局は、生きるために黙らされてしまう。偉大なリーダーの出現を夢見ながら……。しかし李先生のような偉大なリーダーの出現は夢のまた夢であろう。民主主義国でもこのような状況なのだから、独裁体制の民主化となれば、ほぼ不可能だと言える。

それでは、李登輝先生にこのような不可能なことを可能にさせたものは、いったい何か？それは李先生が言われているように、自らの強過ぎる自我と情熱の克服のために若き日から根源的な問いと向かい合い、フィロゾフィーレンして到達した境地「誠実自然」であり「我是不是我的我」であった。

私は、この境地の淵源が西田哲学というフィロソフィーだと捉えているのである。そこで次には、李先生のフィロゾフィーレンとはどのようなものだったのかを、『「武士道」解題』を中心に、李先生の著作に基づいて明らかにしていくことにする。

三　新渡戸稲造との出会い

(1)『「武士道」解題』の意図

『「武士道」解題』は、二〇〇三年四月に刊行され、ノーブレス・オブリージュという副題がつけられている。副題の意味は、「金持ちや身分の高いものは、そうでない人々を助けなければならない」ということである。そして「はじめに」では、「今なぜ『武士道』なのか？」ということが説明されている。

これらのことを考え合わせると、李先生の『「武士道」解題』に託した意図を推測することが出来る。いまだ総統在任中の一九九九年には『台湾の主張』が出版されているが、これが総統としてめざしてきた国づくりを総括するものであるとするなら、『「武士道」解題』は、李先生が自らの使命と考えていることを、総統退任後も命をかけてやりつづける表明だと言えるであろう。

もちろん李先生の生涯の使命は台湾の民主化であり、総統退任後の使命は、若い世代が民主化をさらに推し進めるためのサポートである。大陸の独裁体制が台湾を飲み込もうと虎視眈々と狙っている厳しい環境の下では、李先生がやらねばならないことは多く、非常に重大なものなのである。

(2)『Bushido, Soul of Japan』との運命的出会い

『「武士道」解題』においては、まず、なぜ不可能とも言える民主化ができたのかについて書かれている。それによれば、五〇年にわたる日本の台湾統治時代において、台湾でも本土と同じ教育が施されたことが大きかったという。設立された旧制中学・高校では、教養教育が重視され、李先生は、鈴木大拙『禅と日本文化』、西田幾多郎『善の研究』、倉田百三『出家とその弟子』等をはじめ、ありとあらゆる教養書を渉猟し読み込んだ。そして、若き日から強すぎた自我と情熱を克服するために、根源的な問い、すなわち生死の問題について苦闘呻吟しながらフィロゾフィーレンされた。そして本土に八つあった旧制のナンバースクールと同等と見なされていた旧制台北高校において、「我是不是我的我」という境地に到達された。その際に大きな役割を果たしたのがカーライルの『衣装哲学』であるが、衣装哲学の最終的な理解を導いたのが新渡戸稲造であった。

Inazo Nitobe『Bushido, Soul of Japan』(新渡戸稲造『武士道』)は、一九〇〇年一月にアメリカで公刊され、同年一〇月には日本でも刊行、一九〇八年には翻訳書も出版された。この書物、公刊されると世界中に大きな反響を巻き起こし、新渡戸は一躍国際的にその名を知られる

ようになった。李先生にとっての新渡戸稲造は、台湾民主化という奇跡を可能にしたフィロゾフィーレンという点では、カーライル理解の仲介者以上の位置づけがなされないはずだが、新渡戸もまた深くフィロゾフィーレンして自らの使命を見出し、台湾総督府の一介の技官としてその経済発展の礎を築いたのであるから、李先生にとって特別な意味を持つことになったとしても不思議ではなかった。

(3) 李先生は秀でた『武士道』解説者

李登輝『「武士道」解題』の構成は、

はじめに―今、なぜ『武士道』か？
第一部　日本的教育と私
第一章　世界に目を開いてくれた先哲の教え
第二章　新渡戸稲造との出会い
第三章　新渡戸稲造、国際人への旅立ち
第二部『武士道』を読む
あとがき

となっており、それに私の盟友産経新聞記者の河崎眞澄さんが発掘した慶応大学三田祭・幻の講演原稿「日本人の精神」が附加されている。全体の三分の二近くを占める第二部は、『Bushido, Soul of Japan』の章立てと同じように、一七章からなっており、まさに『武士道』の解説書の体を成している。

『Bushido, Soul of Japan』が書かれたのは、新渡戸がドイツの大学へ三年間（一八八七年二六歳の時）留学した際、かねてから敬慕していたベルギーの碩学ラブレー教授を仲介者なしで訪ね、「日本では宗教教育を学校で行わないで、どうして道徳教育が可能なのか」と問われたことに対して答えざるを得なくなったことに端を発していた。ただそれは、何よりも愛妻のメリー夫人に日本精神を教えるためのものだった。

ただし武士道が日本でも注目されたのは、当時の日本の精神的状況とも深くかかわっていた。というのは、明治維新以降、文明開化の怒濤のような波に呑み込まれて西洋化が進み、日本精神が失われつつある状況に危機感を持った知識人が、武士道を評価するようになっていたからである。

四　台湾における日本精神は日本のそれとは淵源が異なる

当然に李先生は、武士道が日本精神を象徴するものだと捉えていたのだろうが、私が注目しているのは、第二部で司馬遼太郎『街道をゆく40─台湾紀行』を取り上げて書かれている箇所である。

「中国人、とくに漢民族の血を引いて、しかも共産主義一党独裁政権による極端な宗教弾圧を受けることがなかった台湾人社会の中には、いまだに神仏混淆的な古き良き時代の伝統や風習が力強く生き残っており、また生き生きと息吹いているということでありましょう。司馬遼太郎さんにとっての「髪一筋の違いもない同族」である〝元日本人〟の「老台北」蔡焜燦さんの中に、この慧眼《けいがん》の大作家は「八百万《やおよろず》の神」を信ずる大和民族の「リップン・チェンシン」（日本精神）と一脈相通じるものを発見したのでしょう」（李登輝『「武士道」解題』、小学館、二〇〇三年、一二九～三〇頁：文庫版ではない）

この部分は、日本精神と同じようにと言っても、その淵源が台湾と日本で同じではないということを、李先生がはっきりと認識されていたことが表れている。日本統治時代の教養を重んじる教育が、台湾人に日本精神を植え付けたことは間違いなく、司馬遼太郎はそのことをよく理解していた。しかし彼は、案内してくれた老台北《ラオタイペイ》蔡焜燦さんの口から媽祖《そま》さまという言葉が発せられた途端、日本統治時代に日本語で教育された台湾のトーサン世代に根づいたリップンチェンシン（日本精神）が、日本のものとは異なることを思い知らされたという。それにもかかわらず、李先生がこのように書かれたことは、違いを認識した上で、台湾における日本精神を重視されていることを物語っていると言えよう。

五　日本の現状に対する警告

このように李登輝『「武士道」解題』の第一目的は、台湾の民主化を継続して進めるための道を明らかにすることだと言えるが、そこには日本の現状に対する警告もたくさん含まれている。今われわれ日本人にとって重要なのは、何よりもこの警告部分である。

まず、最初の警告は、次のように記述されている。

「「公義」とはすなわち公の義、つまり「ジャスティス」（Justice）のことです。目下のところ、日本人の中には、このジャスティスに対する真っ当な感覚を見失ったような人々が多くなってきているようにも思います。」（同上書二五頁）

そして次には、戦後日本にはびこる自虐的史観に対する戒めである。

「いまの日本を震撼《しんかん》させつつある学校の荒廃や少年非行、凶悪犯罪の横行、官僚の腐敗、指導者層の責任回避と転嫁、失業率の増大、少子化など、これらの国家の存亡にもかかわりかねないさまざまなネガティブな現象も、「過去を否定する」日本人の自虐的価値観と決して無縁ではない、と私は憂慮しています。」（同上書一〇頁）

さらに今の若者が未来に展望をもてないのは、親の責任だとしています。

「これからの日本を背負っていかなければならない若い人々は、ややもすれば未来への指針を見失いがちのように思えてなりません。そして、その大部分の責は確乎《かっこ》たる姿勢と信念を見せてこなかった大人たちが負うべきだ、と私は思います。なぜなら、子供は親の背中を見て成長するからです。」

「戦後社会の混乱の中で、日本の大人たちは、それまでの世界的に素晴らしかった精神的な価値観をないがしろにし、「高度成長」のかけ声の下で物質主義的で拝金主義的な価値観ばかりを追い求めてきたのではないでしょうか。そのような親たちの世代の生き方を目の当たりにしてきた若い世代が、物質主義的な方向に走り出したとしても、誰も文句は言えないはずです。そして、それはまた、日本の戦後社会に燎原《りょうげん》の火のように燃え広がったマルキシズムなどの「唯物論」（Materialism）とも決して無縁ではなかった、と私は思っています。」（同上書二一頁）

この最後の引用文で李先生は、今の日本の精神状況を、唯物論にまで遡って考察している。何という奥深い洞察なのだろう。前章ですでに明らかにしたように、戦後の日本の教育においては、科学主義イデオロギーが貫かれており、主観を排除して、現実をすべて客観的、対象的、物質的に見る唯物論が徹底されている。主観の排除は精神と心の排除である。心を失った人間が幸せになれるはずはないし、そこからは精神主義が出現するはずもない。今の日本の状況は、まさに李先生が警告している状況そのものだと言える。

六　奇跡を可能にしたフィロゾフィーレン

ところで『「武士道」解題』の第一部において最初から繰り返し書かれていることは、奇跡を可能にしたフィロゾフィーレンに基づく李先生の考え方が、戦前の日本の教養教育によって獲得されたものだということである。たとえば、次のように書かれている箇所がある。

「私自身、日本の教育で生まれ育ってきましたから、その価値観は骨の髄《ずい》まで染みこんでいます。いや、戦前の日本の高度な教育が、いまの私の思想・知識の基礎になったことは疑うべくもありません。」(同上書一六頁)

だとするなら、『Bushido, Soul of Japan』は、これにどれくらい貢献したのであろうか。李先生は、旧制中学校時代にあらゆる教養書を渉猟してフィロゾフィーレンに邁進したことを糧に、旧制台北高等学校に入っても、「死生観」に懊悩呻吟した生活だったそうである。そして次のように書き記している。

「（旧制台北高等学校は、）一高から八高まであった「ナンバースクール」に匹敵するエリート校でしたが、決してガリ勉型ではなくて、ここでも、日本の旧制高校に特有な「求道」的雰囲気の中で、私たちは「人生とは何か」とか「人間いかに生きるべきか」といった哲学的な問題の考究と思索に耽っていました。」（同上書四八頁）

「当時の高校生の多くは「生と死」という極めて哲学的な命題と常に対峙《たいじ》し、まさに命がけで煩悶《はんもん》していたように思います。

私の場合は特にその傾向が強く、寝ても覚めても「死生観」のことばかりを考え、苦悶していました。」（同上書四八〜四九頁）

このような状況下で、李先生は新渡戸稲造と出会われたのだが、それを仲介したのは、トーマス・カーライルの『衣装哲学（サーター・リサータス）』であった。この点については、次のように書かれている。

「新渡戸稲造先生との〝出会い〟の前にも、既に多くの先哲との出会いがあったわけで、いきなり『武士道』にたどり着いたのではありません。このことについては、後でも詳述いたしますけれども、たとえば、かの一九世紀イギリスの大思想家であるトーマス・カーライル（Thomas Carlyle 一七九五〜一八八一年）の『衣装哲学《サーター・リサータス》』（Sartor Resartus 一八三三〜三四年）との出会いが非常に大きかったと思います。」（同上書一八頁）

新渡戸稲造『武士道』への仲介という点から言うなら、カーライルの『英雄について』という書物に出てくる「英雄」と「武士」との共通性が重要となるかも知れないが、何よりも新渡戸がカーライルの衣装哲学に感銘を受け、『衣装哲学』が生涯の座右の書となっていた点に注目しなければならない。李先生は、『衣装哲学』に関する新渡戸の懇切丁寧な『講義録』によってカーライルの言わんとするところを完全に理解し、「生死の問題」に対する根源的な問いに対する苦闘に終止符を打たれた。

それでは、カーライルの『衣装哲学』とはどのようなものなのであろうか。

私もそうであったが、衣装哲学という言葉を聞いても、一般的にはその内容がまったく想像すら出来ない。衣装とは人間の身を包んでいるものであるが、カーライルによれば、人間が身にまとっている衣装は借り物であり、人間の本質はそこにはない。カーライルは、衣装を身にまとった現実には永遠はなく、衣装を脱ぎ捨てた先に永遠の肯定が表れてくると言うのである。

この『衣装哲学』についての完全な理解を李先生にもたらしたのが新渡戸稲造だったのだが、その理解がどのようなものだったかについては、次のように書き記されている。

「私が旧制高校時代に非常に感動した『衣装哲学』という作品は、数あるトマス・カーライルの著作の中でも白眉《はくび》というべきもので、実に深遠な人生哲学を含んでいます。「トイフェルスドレック氏の生活と意見」(The Life and Opinions of Herr Teufelsdröckh) という副題にもあるように、架空のドイツ人教授の著書を翻訳、紹介するという形式で書かれた一種の象徴論です。」(同上書六〇〜六一頁)

「もう一方の「著者である教授」(トイフェルスドレック氏) を紹介した第二巻の小説的部分は、実は教授の仮面を借りたカーライル自身の精神的自叙伝であり、なかでも美しい文体でロマン主義的な「魂の苦悩」とその超克を語った「永遠の否定」(The Everlasting No) と「無関心の中心」(Centre of Indifference) と「永遠の肯定」(The Everlasting Yea) の三章は特に有名です。」(同上書六一頁)

「日本語訳の抜粋を見ただけでも容易にわかることでしょうが、実に難解な本なのです。それなのに、旧制の台北高校ではこれを原語の英語で読まされたのです。もちろん言わんとする大意はじんじんと身に沁みてきました。しかし、もっともっと深く知りたいという衝動に駆られて、私は必死に内外の関連書を探しまわり、懸命に読み漁りました。しかし、なかなか「これは」というものには出くわさず、途方に暮れていました。」(同上書六五頁)

そしてカーライルの『衣装哲学』を通してめぐり逢ったのが新渡戸稲造の『武士道』だったのである。この過程についても、『「武士道」解題』から引用する方がわかりやすいであろう。

「そんなある日、台北市内のいちばん大きな公立図書館で万巻の書を渉猟《しょうりょう》しているとき、本当に偶然としか言いようがないのですが、出合ったのです。かつて台湾総督府の農業指導担当の技官として台湾の製糖業などの発展に大きな働きをしていた新渡戸稲造という方が、毎年、夏の軽井沢に台湾の製糖業に関係している若き俊秀たちを集めて特別ゼミナールを開いていたことがあり、その中心教材としてカーライルの『サーター・リサータス（衣装哲学）』を取り上げていたという事実を知ったのです。ほとんど黄色く変色しかけたその「講義録」を手にしたとき、私は思わず飛び上がって喜びました。そして何度も何度も読み返しているうちに、「永遠の否定」が「永遠の肯定」へと昇華してゆく過程が次第に明確に理解できるようになり、いまさらながらのように新渡戸稲造という日本人の偉大さに心酔するようになりました。」（同上書六五〜六六頁）

七　『武士道』と李先生のフィロゾフィーレン

李先生にとって、いかに新渡戸稲造との出会いが重大なものであったか、上述の引用文からもよくわかる。しかし若い時から強すぎる自我と情熱を克服するために、フィロゾフィーレンすることによって人生の根源的な問いに向かい合って苦闘懊悩してきたのが李先生である。この根源的な問いに対する答えを導いたのが、カーライルの『衣装哲学』であった。そしてそれにともない、李先生は、天が自らに与えた使命をはっきりと自覚されたのではないか。とするなら、『武士道』は李先生のフィロゾフィーレンにどれだけ寄与したというのであろうか。

既述したように、日本精神と言っても、台湾と日本ではその淵源が異なっている。ましてや武士道が日本における日本精神の淵源だというなら、多くの日本人は違和感を感じるに違いない。

李先生の新渡戸稲造との出会いは、明らかにフィロゾフィーレンによって到達した「我是不是我的我」という境地に資するのとは別な意味があったと言える。新渡戸の『武士道』は、根源的な問い、すなわち「いかに生きるか」という問題に答えが出て、自らに天が与えた使命を自覚していた李先生に、やるべきことを指し示す役割を果たしたと考えた方が良い。

それでは、この「我是不是我的我」すなわち「私は私ではない私」という哲学的境地は、どこから生まれたものであろうか。

旧制中学時代における日本の教養教育の中で、李先生がありとあらゆる教養書を渉猟し、その中から、とりわけ鈴木大拙『禅と日本文化』、西田幾多郎『善の研究』に出会ったことが、この境地に達する出発点だったと理解すべきである。というのは、「我是不是我的我」という境地が西田哲学の真髄であるからである。

しかし、新渡戸稲造との出会いで李先生の境地に付け加わったものもある。それは「農業経済学」、「実践躬行」、「キリスト教」である。三つの中で「農業経済学」は使命としての台湾の公に尽くす道を新渡戸から獲得したということであろう。「実践躬行」に関しては、『善の研究』からは出てこないものである。それは西田自身も認めているように、この時点での西田がいまだ主客未分化の「ありのまま」の現実という実在を、意識という点から心理主義的に捉えていたに過ぎず、その後の西田のフィロゾフィーレンによって附加された主体性に基づく実践性が欠如していた。李先生とわが父祐賢が、農業経済学という縁により、京都帝国大学農学部農林経済学科で運命的に出会ったとき、西田哲学は既に実践性を備えるものになっていたが、多くの人が西田哲学を『善の研究』で理解しようとしていた時期に、李先生がそこには見い出せない「実践躬行」を強調されたとしても、何の不思議もないと言える。

ただ私が、李先生の「我是不是我的我」という境地を導いたものが西田哲学だと結論づけるのに、最後まで苦しめられたのが「キリスト教」であった。その苦しみから解き放されたのはつい最近のことであり、それによって私は、本書を執筆することを決意したのである。

八　李先生とキリスト教

前章において、西田哲学とは、西田が自らの宗教を西洋哲学の形式に当てはめて説明しようとしたものだと述べた。とするなら、もし西田の宗教が、キリスト教をも許容するようなものであるのなら、李先生の宗教がキリスト教であっても、「我是不是我的我」という境地と矛盾しない。

西田のフィロゾフィーレンは、一般には禅と関係させて理解されることが多い。それは、西田の代表作が『善の研究』であり、禅との関連性が連想されること、西田がフィロゾフィーレンの過程で足繁く参禅したことが影響していよう。しかし西田が自らの宗教を西洋哲学の形式に当てはめてフィロゾフィーレンしようとする限り、座禅という修行が最善の方法だった、というより方法はそれしかなかったのである。それが証拠に、ある時期より西田は参禅をしなくなっている。

西田の宗教が禅ではなく親鸞だ、ということに私が気づいたのは、二人の学者との出会いがあったからである。決定的であったのは、維摩経を研究する宗教学者橋本芳契との出会いであり、橋本との出会いを導いたのは、京都学派に属する哲学者大峯顕との出会いであった。

このように、学者の中には私と同じように理解している人達がいるのだから、私の西田哲学理解は決して勝手な思い込みではない。自らフィロゾフィーレンするのではなく、単に西田という先哲の学問を解説するだけの、一般に哲学者と呼ばれている人たちには、思い及ばない捉え方だというだけである。

九　西田哲学と愚禿親鸞

大峯顕は、専立寺《せんりゅうじ》の住職として浄土真宗の伝道者という立場でありながら、京都大学文学部純哲の出身で、現役時代は大阪大学の教授として西田哲学の淵源である宗教が親鸞であることを主張しつづけた京都学派に属する哲学者である。大峯顕との出会いによって、私は、西田哲学におけるフィロゾフィーレンの終結である宗教が愚禿《ぐとく》親鸞であることに気づいたが、その気づきをより決定的なものにしたのが、橋本芳契『西田哲学と仏教観―『善の研究』を中心に』という六四ページの冊子だった。これを読めば、一般に哲学者と呼ばれている人たちが、いかに西田哲学を理解できていないかがはっきりする。まずは冊子の中の一文を抜き書きするのが良いであろう。

「北陸地方では圧倒的に真宗勢力が強い。強いといえば他に対抗するかのようであるが、そういう政治的意味合いのものではない。むしろ真宗がすべてであるから、あって無きにひとしくさえある。そういう世界の中にあって、いな、そういう中にあったればこそ、西田はかえって真の親鸞の道にあこがれ、これを哲学者としての学問的実践の中から正しく証悟しようとしたものである。

「場所的」の論文では、「場所」の論理がすでに宗教的世界を成り立たせているということであり、後者を構成し実現する論理的基盤がまさに「場所」そのものであったのである。大乗仏教では『維摩経』などで不断煩悩得涅槃（煩悩を断たずに涅槃を得る）と説くが、煩悩の娑婆世界と絶対矛盾である涅槃界の浄土とが自己同一であるとは、分別的には相容れないことであっても、その相容れないことのまま必ずや相容れるという一如性の世界やその原理のあることを洞察し論証することが終生西田の関心事になっていたと考えられる」。（橋本芳契『西田哲学と仏教観──『善の研究』を中心に』、日本海文化、一九八八年、五六頁）

この一九八八年に刊行された『日本海文化』という学術雑誌の抜き刷りは、これでもかこれでもかというまでに、西田哲学の淵源が愚禿親鸞であることを説いている。

前章ですでに述べたように、西田のフィロゾフィーレンの終結は、自らの宗教を西洋哲学の形式によって説くことであった。そして、西田の宗教が禅でなく、親鸞だということになれば、西田のフィロゾフィーレンに対するこれまでの一般的な理解は完全に覆されてしまう。

フィロゾフィーレンとは、ある意味、「実在とは何か」を問うものであるが、西田の場合も同じで、まず「実在とは何か」を明らかにすることが必要になった。そして『善の研究』の段階では、自己の意識を底の底まで問い詰めることによって、純粋経験こそが実在である、と結論づけた。

それでは「純粋経験」とは何か？

それは、主観と客観が未分離・未分化の、ありのままの現実のことである。

しかし『善の研究』の段階でのフィロゾフィーレンが不十分であったことは、西田自身が『善の研究』の改訂の際に述べているとおりである。西田は、『善の研究』出版以降も、自らの宗教を西洋哲学という形式に当てはめるべくフィロゾフィーレンに苦闘呻吟しつづけた。ただ、それによって西田が実在とするものが変化したのではない。変化したのは、それを理解するための方法であり、それに伴う呼び名の変化のみである。「純粋経験」という呼び名は、最終的には「絶対矛盾的自己同一」となったが、それは純粋経験と同じものの別名称に過ぎない。

それではなぜ純粋経験では駄目だったのであろうか。

それは余りにも意識という心理主義的な捉え方であったからである。確かにわれわれは、自分という存在（人格）を、意識というレベルでは、対象的にではなく、直接的に捉えることが出来る。しかし直接に捉える方法は他にもある。それは現実に「働きかける」ことによって身体を通して捉えるという方法である。西田は、『善の研究』以降もフィロゾフィーレンの苦闘呻吟をつづけ、意識というレベルではなく、身体を通して、行為的直観のレベルで捉えなければならないと考えるようになった。これは、まさに西洋哲学の形式である論理主義的な捉え方であり、主観は主体として生き生きと蘇り、現実に働きかけることによって、実践性と主体性が生み出されるようになった。

それでは、西田の宗教が親鸞であるとする論拠は何か？

それは西田の完成された最後の論考である『場所的論理と宗教的世界観』をひもとけば一目瞭然である。また、『善の研究』刊行時には、「愚禿親鸞」（初出は「宗祖観」〔大谷学士会、一九一一（明治四四）年〕）という論考も残されている。しかしこの点に関しては後章に譲り、ここではもう少し西田哲学とキリスト教について説明することにする。

一〇　西田哲学とキリスト教

私は、李登輝総統とわが父祐賢との関係が西田哲学によってもたらされたと考え、それを本書で説こうとしている。ただ私が自らの考えを展開する上で、長きにわたり悩まされたのは、李先生の信仰がキリスト教であったことである。しかし、西田の宗教が禅であるという西田哲学の一般的な理解ではなく、愚禿親鸞による浄土真宗であると気づいたとき、一気に問題が解決した。

これまで重ねて説明してきたように、西田のフィロゾフィーレンは、当初から、自らの宗教を西洋哲学という形式に当てはめ、実在を明らかにすることを目指していた。そして『善の研究』の段階では、実在は純粋経験であるとされた。しかし最晩年においてそれは、絶対矛盾的自己同一と名称が変わっている。ただ変わったのは名称だけであり、西田が実在とするものは、内容的には何も変わっていない。西田は、『善の研究』以降もフィロゾフィーレンの苦闘呻吟をつづけ、心理主義的捉え方から論理主義的捉え方に変わったのである。

いずれにしろ、西田の宗教が愚禿親鸞であるとしたとき、西田哲学はキリスト教をも包み込むものになる。「場所的論理と宗教的世界観」の結論は、次のようなものである。

「君主的神のキリスト教と国家との結合は容易に考えられるが、仏教は、従来非国家的とも考えられていた。しかし鈴木大拙は大無量壽経四一の「此会四衆、一時悉見、彼見此土、亦復如是（中略）」という語を引いて、此土《しど》において釈尊を中心とした会衆《えしゅう》が浄土を見るが如く、彼土の会衆によって此土が見られる。娑婆《しゃば》が浄土を映し、浄土が娑婆を映す、明鏡相照らす、これが浄土と娑婆の聯貫性《れんかんせい》あるいは一如性を示唆するものであるといっている（鈴木大拙著『浄土系思想論』）。私は此から浄土真宗的に国家というものを考え得るかと思う。国家とは、此土において浄土を映すものでなければならない。」（上田閑照編『西田幾多郎哲学論集Ⅲ』、岩波文庫、一九八九年、三九六〜九七頁）

西田の宗教が愚禿親鸞であり、それがキリスト教をも包み込むものであるなら、李登輝先生が新渡戸稲造の影響を受けてキリスト教徒であっても、西田哲学に導かれて「我是不是我的我」という境地に達したという理解が可能となる。

ただ、この説明だけでは、西田幾多郎の宗教が愚禿親鸞すなわち浄土真宗であると捉えることで、なぜキリスト教が浄土真宗に包み込まれてしまうのかは、浄土真宗の門徒でなければ理解できないであろう。

日本の仏教は大乗仏教であり、どんな仏教でも死後に浄土に至る道を説いているが、親鸞の教えは単にそれだけのものではなく、師匠である法然をも超越した革命的なものである。浄土真宗以外の仏教においては、仏とは悟りを開いた覚者（人間）であり、絶対神は認めておらず、キリスト教を認めることはない。

ところが親鸞の教えの真髄は、「信じるものは救われる」であり、阿弥陀仏（名号、無量壽、不可思議光、宇宙の理等々様々な呼び名がある）のはからいを信じたときには、すでに浄土への道がこの世で始まっており、安心立命できるというのである。しかも親鸞は、自らを愚禿と呼んだように、人間はすべからく煩悩まみれであると考えていた。そして、自らが煩悩まみれであると自覚したものすべてを救う、というのが阿弥陀仏の誓願なのであるから、あらゆる宗教が包み込まれてしまうことになる。その結果、キリスト教の絶対神を信じて天国に行けるということさえ、拒否しないことになるのである。

大学時代に最初に『善の研究』を読んだとき、まったく歯が立たなかったにもかかわらず、非常に懐かしい身近な感じを持ったのは、私が、浄土真宗の門徒であった父母の影響を受け、幼いときから浄土真宗の宗教心を身につけていたからだったと言える。

なお、屋上屋を重ねることになるかも知れないが、大峯顕は次のように記している。

「お釈迦さまの仏法は、人間にとって一番嫌な死を超えてゆける道、私たちの個体の命よりも大事なものを教えられたのです。お釈迦さまだけではなく、キリスト教ではイエスも、「我は道であり我は真理である。我を信ずるものは死すとも生きるであろう」と言っています。自分を超えた大きな命を信じて、これに小さな自分をあずけて生きる人は永遠に死なないということが、『ヨハネ伝』に書いてあるイエスの言葉です。」(大峯顕『本願海流』、本願寺出版社、二〇〇一年、五頁)

二　李先生とわが父祐賢との出会い

李先生は、一九四三（昭和一八）年に京都帝国大学に入学されたとき、すでに自らの根源的問い（フィロゾフィーレン）に終止符を打ち、見出した答えに従い公義のために生きる道を踏み出されていた。いまだ日本人だった李先生にとって、とり得る道は数多くあったはずである。ところが新渡戸と出会ったことで、農業経済学という道が選ばれ、京都帝国大学農学部農林経済学科への進学が実現した。この選択にも西田哲学の影響があったと言える。京都大学は新渡戸が教鞭を執ったこともある大学だが、それ以上に自らのフィロゾフィーレンを導いてきた西田哲学の舞台であった。だからこそ、この大学が選ばれたと言える。当時、李先生は、公義に尽くすために満鉄に入ろうとさえ考えていたという。『日台の「心と心の絆」―素晴らしき日本人へ』には、次のような記述がある。

「この頃の私は、将来、南満洲鉄道株式会社で働きたいと思うようになっていました。満鉄に入って調査員になりたいと思っていたのです。」（李登輝『日台の「心と心の絆」―素晴らしき日本人へ』、宝島社、二〇一二年、二三四頁）

それはまさに西田の言う「場所」を自覚していたことを意味し、ここにも西田哲学の影響が見て取れる。

このようにして李登輝先生とわが父祐賢とは、一九四三（昭和一八）年に出会った。それはまさに運命的なものであったと言える。

当時、わが父祐賢は、農林経済学科における恩師であり満蒙開拓に力を注いでいた橋本傳左衛門に従って、北支の調査研究を行っていた。所属が人文科学研究所であったわが父祐賢は、上司である西田の直弟子高坂正顕の指導を受けながら博士論文を作成していたが、それは単なる調査研究ではなく北支の経済秩序を哲学的に解き明かそうとするものであった。したがって、わが父の講義には当然に西田哲学の影響が色濃く表れ、中国人に対する深い洞察もあったと思われる。しかも自らの人生をかけて博士論文を作成していた時期であり、その講義にも熱気があふれていたに違いない。母に聞いた話では、戦争末期に母が姉二人を連れて郷里富山に疎開した際、父は、京都も空襲されるかも知れないと、書き上がった原稿を風呂敷に包んで母に持たせたそうである。

このような状況の中でわが父祐賢の講義を聴いた李登輝先生が、そこに生涯の恩師を見出したとしても何の不思議もない。出会いとは、まさにそのようなものである。

ここまで考察を進めてくれば、李先生とわが父の関係を西田哲学で説くという本書の課題も達成されたことになるが、われわれは次章において、もう少し西田哲学について見ていくことにする。それは、西田哲学に端を発したフィロゾフィーレンによって生まれた李先生の、戦後の日本人に対する警告と深く関わっているだけでなく、余りにも西田哲学が誤解されている現状を変える上でも大きな意義があると思うからである。

第五章　悲哀の先にあるもの

一　働くものから見るものへ

第三章において私は、西田幾多郎のフィロゾフィーレンが自らの宗教を西洋哲学の形式に当てはめ、実在とは何かを追究することを目指したものだったと説明した。そして西田の宗教が禅であるという一般的な理解とは異なり、愚禿親鸞すなわち浄土真宗であると気づいたとき、西田哲学の真髄が理解でき、李登輝先生とわが父祐賢との関係を西田哲学で説くということこの書の課題も一気に解決した。

それでは、西田が実在としたものは、どのようなものなのか。それは、『善の研究』の段階では「純粋経験」であり、『場所的論理と宗教的世界観』の段階では「絶対矛盾的自己同一」である。この変化の過程で、実在は、名称こそ度々変化したが、その内容が変わったのではなく、それを理解する方法が変わっただけである。西田にとって、実在とは、現実ありのままの

ものでなければならないのであり、

「実に主客合一、知意融合の状態である。物我相忘《ぼう》じ、物が我を動かすのでもなく、我が物を動かすのでもない、ただ一の世界、一の光景あるのみである。」（西田幾多郎『善の研究』文庫版、岩波書店、一九五〇年、五四頁）

というように、いまだ主観（主体）と客観（客体）が未分離・未分化な現実そのものなのである。

『働くものから見るものへ』、『行為的直観の立場』、『絶対矛盾的自己同一』、『場所的論理と宗教的世界観』へとつづく西田の著作は、まさに『善の研究』以降の西田のフィロゾフィーレンにおける呻吟苦闘を表している。自らの宗教を西洋哲学の形式に当てはめることを終極の目的とする西田にとって、実在をどのように表現するかは決定的な重要性をもつ。そして行き着いたのが「絶対矛盾的自己同一」なのである。

それでは、なぜ『善の研究』の段階の「純粋経験」では駄目だったのであろうか。それは西田の宗教が禅ではなく愚禿親鸞だったからである。阿弥陀仏の悲願を信じることは、「純粋経験」が表現するような静的なものではなく、極めてダイナミックなものである。信じることによって一回限りの此土（この世）において浄土への道が開け、どのように「生きるべきか」が明らかになる。西田にとって、心理主義的であった「純粋経験」という実在の捉え方では、そのダイナミズムが出てこないため、西田は納得が出来なかったのである。

このように、実在が何かは、決して意識のレベルで捉えるべきではなく、主体が現実に働きかけ、身体を通して捉えるべきものであり、それが西洋哲学における論理主義を貫くことになる、と西田は考えた。『善の研究』出版から六年後に出版された『自覚に於ける直観と反省』では既にその気づきが表れており、それからさらに一〇年後に刊行された『働くものから見るものへ』は、『善の研究』における立場に対する決別宣言だった、との理解も可能かも知れない。いずれにしろフィロゾフィーレンの呻吟苦闘の果てに到達した西田の実在とは、「絶対矛盾的自己同一」だったのである。

このように西田の宗教を愚禿親鸞だと理解するなら、一般に哲学者と呼ばれる人たちが嬉々としてもてあそぶ西田の難しい表現も決して難しいものではなくなる。場所的弁証法、絶対無、ポイエシス等々が、哲学的・統一的に理解できる。西田は、現実はすべて矛盾的に成り立っていると考えていた。死があるから生があり、悪があるから善がある等々である。これらはすべて相対的なものであり、対立を止揚（アウフヘーベン）する形で調和しているが、それを包括し超越した形で有があり、それが無と向かい合うことになり、絶対矛盾となる。そのように考えると、西田の場所的弁証法についても、絶対無とは何かについても、絶対無の作用としてのポイエシスについても、決して難しいものではなくなる。これまでいかに西田哲学というものが誤解されてきたかがわかるのではないだろうか。

なお蛇足になるかも知れないが、李先生が実践躬行を強調されるのも、この西田の実在の捉え方の変化に関係していると言える。『善の研究』では出てこない実践性が、捉え方の変化によって現れてきたことが、一九四一年に「ポイエシスとプラクシス（実践哲学序論補説）」が世に出ていることからも理解できる。

二　悲哀の淵源としての有限性

ところで、西田哲学は悲哀の哲学だと言われている。確かに西田の人生は、人並み外れて悲哀に満ちたものであった。もっとも身近にいた姉正の死に始まり、長男謙の死や妻や子の死など、想像を絶するものがあった。西田のフィロゾフィーレンは、自らの腸チフスという死への恐怖を含め、悲哀が動機になっていたと言ってよい。

一般的に言っても、わが子の死ほど悲哀を感じるものはない。とりわけ父にとって長男の死ほど切実なものはないであろう。李登輝先生は長男憲文、わが父祐賢は長男尚史に先立たれている。そして西田幾多郎は、長男謙に先立たれたことで、同郷の盟友である国文学者藤岡作太郎の著書の序文を書いたのである。

しかし西田にとって、悲哀はこのような具体的な形でのものにとどまらない。人間にとってその一回限りのこの世（此土《しど》）での人生が有限であること自体が悲哀だというのである。宇宙が無限であるのと比すれば、人の一生など無きに等しい。現実を対象的、物質的に見る限り、それは紛れもない真実である。しかし人生とはそれだけのものなのであろうか。もしそれだけのものなら、ひとは救われない。そこで宗教というものが出てくることになる。

西田は、フィロゾフィーレンによって自らの宗教を西洋哲学の論理主義的な形式で表すことに生涯没頭した。そしてその際の宗教が愚禿親鸞、すなわち浄土真宗だったのである。西田の生まれ故郷宇ノ気はもちろん、金沢や北陸での浄土真宗は、いわばその地のエートス（社会集団や民族などを特徴づける気風・慣習）。（エートスという言葉は、マックス・ヴェーバー『プロテスタンティズムの倫理と資本主義の精神』におけるキー概念である）となっており、鈴木大拙や藤岡作太郎などの西田の盟友はもちろん、台湾の農業に絶大な貢献をした八田與一《はったよいち》もまた、この地の出身であったことは、注目すべきことである。このことは橋本芳契が強く主張していたことでもある（おそらく李先生は、このことに気づいていてはおられないだろう）。

いずれにしても、西田幾多郎の宗教を愚禿親鸞と見ることは、西田哲学理解の上で極めて重要なことだと言える。

三　愚禿親鸞と場所的論理

「絶対矛盾的自己同一」に含まれる「的」という言葉、電子辞書を見る限り、日本語には「の」という意味はないようである。しかし台湾では「的」の中心的な意味は「の」である。先日、元参議院議員で今もっとも李先生の身近なところにおられる日本人江口克彦氏と話をした際、彼が講演をするときには、「絶対矛盾の自己同一」と表現してしゃべっている、と言われていた。確かにこの方がどれだけわかりやすいか知れない。

それでは、浄土真宗という観点からは、西田のいう「絶対矛盾的自己同一」はどのように説明できるであろうか。

人類すべてにとってそうなのであろうが、浄土真宗ではとりわけ、人間にとってもっとも切実な問題は、「死」を如何に乗り越えるかである。だとすれば、絶対無が絶対的な有と向かい合っているということは、人間は死なねばならない、という形で表れてくることになる。相対的な矛盾であるはずの死と生は、ここでは絶対的なものと感じられるのである。しかしその矛盾は、他力を信じることで乗り越えられるというのが愚禿《ぐとく》親鸞の教えなのである。他の大乗仏教では死んで浄土にいくためには修行が必要と教えるのに対して、ここでは自らが煩悩具足《ぼんのうぐそく》の身であることを自覚し、他力に身をゆだねるだけで良い。その理由は阿弥陀仏ないしは無量寿光の誓願《せいがん》、すなわち信じるものをみな救うという悲願があるからだと教える。しかも阿弥陀仏を信じて他力に身をゆだねたその瞬間から浄土への道が開け、この世で「如何に生きるべき」かについても自覚できるという。使命の自覚が起こるのである。そして浄土は此土（この世）ですでに実現しており、悲哀さえ歓喜へと変わる。

このように考えるならば、西田のいう「場所」とは浄土以外に考えようがなくなる。そして弁証法的一般者とは、われわれを浄土に導く阿弥陀仏ないしは無量壽光ということになる。弁証法的という言葉が使われているのは、浄土真宗では、万物すべてが相対的《あいたいてき》に存在している、と捉えているからである。そして「絶対矛盾の（的）自己同一」とは、死と生という絶対矛盾が、浄土においては止揚されていることを意味する。

さらに付け加えるなら、すでに明らかにしたように、西田にとって実在とは、現実ありのままのものでなければならなかった。しかし『善の研究』の段階での「純粋経験」という実在では満足できず、実在を表す言葉はフィロゾフィーレンの深化とともに変化し、最終的には「絶対矛盾的自己同一」に変わった。しかしその内容が変わったわけではなく、捉え方が変わっただけである。心理主義的に捉えていたものを論理主義的に捉えるようになった。すなわち意識ではなく身体で捉えることで、ポイエシスというはたらきと裏表の関係にあるプラクティスという実践性も出てくることになった。

主観（主体）と客観（客体）を分離・分化することなく、我をありのままに捉えれば、こころと身体は分離しておらず、主観と客観とは一体のものとして統一的に存在している。そして阿弥陀仏を信じたその瞬間（回心《えしん》）から浄土が実現し、自己は永遠へと変化することになる。

西田は、その時々の自らの心情を表現した和歌を多く残している。「大海原　立つさざ波も　奇《く》しきかな　常世《とこよ》の国に　通うと思へば」は、まさに親鸞の最晩年の著作「正像末和讃《しょうぞうまつわさん》」の一節にある「無明長夜《むみょうじょうや》の灯炬《こうこ》なり　智眼《ちげん》くらしとかなしむな　生死大海《しょうじだいかい》の船筏《せんばつ》なり　罪障《ざいしょう》おもしとなげかざれ」を思わせるものである。西田は、金沢にあっても鎌倉にあっても海を愛した。海を見つめながら、悲哀を歓喜に変えていたのだと思う。

四　無義の義

親鸞の和讃の中には、「聖道門《しょうどうもん》のひとはみな　自力の心《しん》をむねとして　他力不思議にいりぬれば　義《ぎ》なきを義とすと信知《しんち》せり」とある。「義なきを義とす」というのは法然に由来するとされているが、法然は、親鸞にとっては死ねと言われれば躊躇なく従える程の師だったが、浄土真宗の教えは、その師をも超越する程、革命的なものであった。義には二つの意味があり、前者の義は「はからい」を意味し、「後者の義」は「よしとする」を意味している。したがって専修念仏は親鸞に至って行者の修行を無意味なものとしたのである。親鸞が自らを愚禿と呼ぶように、人間はすべからく煩悩具足の身なのだから、信じるものをみな救うという阿弥陀仏の誓願には、わが身の煩悩を強く自覚しているものほど救われるという悪人正機説も生まれてくることになる。人間がすべて煩悩具足であるということは、人間、他の生命を奪わなければ、すなわち他の生き物を殺して食することによってしか生きられない、ということを思えば、すぐに理解できるはずである。

それでは阿弥陀仏ないしは無量壽光を、具体的にどのようなものと考えれば良いであろうか。それについては、広大無辺な永遠の存在である宇宙の理《ことわり》と考えればよいであろう。そしてこの宇宙の理に導かれて、われわれはこの世に一回限りの「生」を授かったのである。この宇宙の理においては、一切の衆生を彼岸に救うという阿弥陀仏の悲願を信じた（回心した）とき、われわれはすでに浄土に至っており、永遠の存在へと変化しているのである。このことを強く強調するのは、大峯顕である。彼は言う。一般に浄土真宗の伝道師は「往生すれば浄土に至る」としか言わない。これでは、死ななければ浄土にゆけないことになる。そこには何か実利的なこともあるのかも知れないが、間違っていると強く批判している。

いずれにしても、回心がわれわれを永遠に変えるとはどのようなことなのであろうか。次にそれを見ていくことにする。

五　命のふるさとに還る

回心によって、われわれがまず気づくことは、自らが自分の意志によってこの世（此土）に生まれたのではないということである。そしていつ彼岸にかえるのかも自分の意志では決められない。すなわち、われわれは阿弥陀仏の手のひらの中にあるということである。そして阿弥陀仏の悲願を信じられない人間は、無明の中を彷徨《さまよ》って、浄土に導かれることはない。大峯顕が言うように、この世における回心によって浄土に達したひとは、既に永遠の存在すなわち仏となり、悲哀さえも喜びと感じるようになるのである。浄土には決して死後ではなく、この世で到達するのである。

それでは死後に永遠の命はどこにゆくのであろうか。

それに対して大峯は「命のふるさとに還るのだ」と答えている。もちろん還るふるさとは、人それぞれで異なっているのであろうが、それはこの世に生まれる前から決まっている。それはその人を取り巻く縁起に基づくからであり、それは宿業《しゅくごう》と呼ばれるものと深くかかわっている。

このように西田の宗教を愚禿親鸞すなわち浄土真宗と理解すると、西田哲学はまったく異なった姿を現す。いかにこれまでの西田哲学理解がゆがめられたものであったかがわかる。その結果、西田の絶筆となった「私の論理について」において、西田は次のように書き記しているという。

「自分の論理は学会からは理解されていない。理解されないと言うより一顧だに与えられていない。自分に対する批判というものは、別の立場から自分の言うことを曲解してする批判ばかりで、自分の言うところを理解した上での批判ではない。」（大澤正人『西田幾多郎』、現代書館、二〇〇一年、九頁）

大澤正人氏は、私と同じ立場の方である。どのような立場なのかといえば、わが国で哲学と呼ばれているのは、その学問と知識をひけらかす衒学《げんがく》的（ペダンチック）な愚学であり、それが愛知すなわちフィロソフィーを歪んだものにしてしまっている、というものである。しかし西田自身が、あれほどはっきり自らの宗教を愚禿親鸞すなわち浄土真宗だと表明しているにもかかわらず、大澤氏もまた愚学に引っ張られ、西田の宗教が浄土真宗ではなく禅だと捉えたため、場所、弁証法的一般者、場所的弁証法、絶対矛盾的自己同一などという言葉が、まったく理解不能なものとなってしまっている。例えば、「場所」については、次のように記されている。

『場所をわきまえろ！』などと言う。我々は場所という言葉にいろいろな意味を含ませている。見える場所もあるし、見えない場所もある。西田の言う場所とは何だろう。西田は、『自己が自己を知る』というだけではなく『自己が自己において自己を知る』という新たな構造を考えた。それは『働くものから見るものへ』という論文集の中の『場所』という論文にはっきり出ている。

自らを映す場所がなければ、自己を知るということも言えない。すべて個物は場所に於いてある、という構造をもつ。それは『絶対無の自己限定』という意味をもつ。限定されたスポットが場所である。」（同上書四七頁）

西田の宗教を正しく愚禿親鸞と捉えれば、「場所」とは「浄土」以外にあり得ないにもかかわらず、このような混乱に陥ってしまうのである。

西田幾多郎は、現実のありのままが実在であり、そこではあらゆるものが相対的《あいたいてき》に矛盾するものとして存在していると捉える。そしてそれは終極において、絶対的な矛盾として現れて、「有」が「無」と、すなわち「生」が「死」と向かい合うことになる。この絶対的な矛盾を止揚（アウフヘーベン）するのが弁証法的一般者であり、それは浄土真宗においては阿弥陀仏、無量壽光などと呼ばれているものなのである。このように西田の宗教を浄土真宗と捉えると、実在とは、永遠である宇宙の理《ことわり》となり、それは場所的弁証法という構造を持って存在していることになる。そして、阿弥陀仏という弁証法的一般者を信じる（すなわち自力を排して他力に身をゆだねる）ことによって浄土に至り、絶対矛盾の自己同一という境地に達するのである。

六　愛知がもたらすものは何なのか？

それでは、西田のフィロゾフィーレンに影響されながら、フィロゾフィーレンした李登輝先生やわが父祐賢の呻吟苦闘は、それぞれに何をもたらしたのであろうか。

愛知すなわちフィロソフィーがもたらすものはひとそれぞれで異なるであろうが、それは、阿弥陀仏すなわち宇宙の理によって与えられた、此土（この世）における「使命」なのだと、私は考えている。その点に関しては、屋上屋を架すことになるかも知れないが、章を改めてだめ押しすることにする。

第六章　愛知がもたらすものは使命

一　出会いが使命を導く

二〇〇四年の大晦日、私は、無知だったが故に、李登輝元台湾総統に出会うことができた。この日から私の人生は大きく変わった。というのも、私の使命感に大きな変化と深化が起こったからである。私は小学六年の時、盲腸の手術の失敗で二ヶ月床に就いたとき、死への恐怖からフィロゾフィーレンを始めた。私のフィロゾフィーレンは高が知れているかも知れないが、それによって、わが父祐賢の学問を継承・発展させることを、私の使命と自覚したのである。この道は決して安易なものではなかった。逆差別と言えばよいのであろうか、「茨の道」であった。

わが父の学問は農学原論という農学の哲学であり、純哲ではないにしても、哲学の裾野にある学問である。もし李先生と出会えなかったなら、私はこれほどまでに西田哲学を追究してはいなかったに違いなく、私の使命も底の浅いものになっていたであろう。

西田のフィロゾフィーレンに影響された李先生、その使命は公儀に尽くして台湾の人々を幸せに導くというものだった。またわが父祐賢の使命も、より良い農学の実現によってより良い農業、延《ひ》いてはより良い社会を導く、ということだったと言える。いずれにしろフィロゾフィーレンは、人生における最大の苦悩である死の恐怖を克服するための道を導くだけでなく、この世において自らに与えられた使命を自覚させてくれるのである。

二　李先生との出会いと使命感の深化

二〇一八年四月一日、私は家内とともに石川県かほく市にある西田幾多郎哲学記念館を訪れた。睥睨《へいげい》するような建物に非常に大きな違和感を感じた。それは、記念館建設を進めた人や建物を設計した人などが、西田哲学をまったく理解していなかった結果なのであろう。ここに、西田幾多郎が警告を発していた現実を垣間見ることが出来た。

ただ、西欧人の若者二〇人ほどが案内人に先導され、熱心に展示物や流れる音声に耳を傾けているのに出会い、いかに西欧において西田哲学が注目されているのかもわかった。

何故いま西田哲学に注目しなければならないのか？

科学主義イデオロギーの席巻によって、人間を「物」としてしか見ることのできなくなっている現状は、こころを失った人々が不幸の道を転げ落ちている状態だからである。

デカルト哲学の出現によって神を失った西欧人の心の隙間には、日本でのオウム真理教やイスラム原理主義的カルト宗教などに近い、排外主義的な考え方が入り込み、社会を大混乱に陥れている。また絶対神を生み出す西欧思想が世界へと広がると、対立構造が生み出される。その原因は、主観と客観を分離して客観性を追求することに原因があると言える。そしていまや世界には一国主義、拝金主義がはびこり、「正義」が滅びた観がある。それに気づきはじめた一部の西欧人は、主観と客観とを分離することなく、現実をありのままに捉え、主体的に生きる道を示す西田哲学に注目しはじめたのである。そこには対立ではなく、調和を導くヒントが隠されているからである。

二〇一九年は、京都学派哲学の舞台となった純哲講座の誕生から一一〇年にあたるというが、日本において西田哲学理解に大きな変化が起こるとは思われない。西田のフィロソフィーの終極の目標は、自らの宗教を西洋哲学の形式で表現することだったが、その宗教を浄土真宗だと正しく理解できていないわが国哲学界の現状では、そう断ぜざるを得ない。しかし日本では、江戸末期の黒船来航によって政治が目覚めたように、西欧の動向には敏感に反応する傾向がある。西欧での西田哲学への関心の高まりを受けて、日本でも西田哲学に対する正しい理解が広がり、人々が幸せの道を取り戻せることを、私は切に願っている。

いずれにしても、哲学すること（フィロゾフィーレン）は、人間にとってもっとも根源的な問題である死の問題の克服を導き、人生いかに生きるべきかについての自覚をもたらすだけではない。ひとそれぞれで異なる使命を認識させてくれるのである。フィロソフィーは使命感を導くと言ってよいであろう。

李登輝総統との出会いは、私の使命感をどれほど深化させたことであろうか。その李先生もすでに九六歳となられた。使命遂行のために許されている時間的余地も残り少ない。

私は、李登輝先生の「無量壽」（永遠の命）をこころから願っている。そして私自身に関しては、昨年の糸満での李登輝先生の気迫に感化されて、「生」ある限り、使命遂行に徹したいと思っている。

跋　命ある限り使命遂行

一　出会いは人生を変える

前章において、無知がもたらした李登輝先生との出会いによって、私の人生が大きく変化したと書いた。この出会いは、この世（此土《しど》）において私が使命と考えていたものを、底が知れないほど深化させた。

ひとがフィロゾフィーレンするのは、人間にとってもっとも根源的な問題である死というものを克服し、人生「いかに生きるべきか」を見出すためと考えられるが、結局、フィロゾフィーレンが人間にもたらすもっとも重要なものは、人それぞれに与えられている使命の自覚なのかも知れない。

それにしても李先生と私の因縁は計り知れないものがあり、それは偶然ではなく必然であったようにさえ思われる。李先生とわが父が、西田哲学を通して京都帝国大学農学部農林経済学科で出会ったこと自体が奇跡的なことだが、私が自らの使命を父の学問の継承発展だと考え、農学の哲学を専門としていたこともそうである。そして、もし私が自らの立身出世を目指して、学問の道を選択していなければ、李先生と出会うこともなかっただろうから、この出会いもまた奇跡的なものだと言える。また学問の道を選択しても、別の専門を選んでいたら、私は西田哲学を追究してはいなかったであろうし、李先生と出会ってもいなかったに違いない。

ただ、李先生との因縁は、これにとどまるものではなかった。

二　母の使命感

私の無知によって実現した李先生とわが父祐賢との六一年ぶりの再会は、すべては感激の内に終わったのだが、本書三〇ページの写真を見ればわかるように、前列左端に座る私の母は笑顔ではない。母は一九七九年に上顎癌を患った。奇しくもこの病は李先生のご長男憲文さんと同じ病なのである。この病は不治の病である。いまだインフォームドコンセントというような言葉さえなかった時代、担当医は三割治癒率が八割というような嘘を父と私に平然と言ったが、私が母と四〇日間、京都大学病院の一室で過ごした間に出会った相当数の同じ病気の患者は、みな一年以内で亡くなった。癌には広がる癌と飛ぶ癌があるが、上顎癌は飛ぶ癌の典型なのであり、現在でも治癒率は五割以下である。にもかかわらず、母は癌発覚後、三二年にわたり生きつづけた。それには、手術をしてくれた二人の医師が、病院では窓際にいた改革派であり、意地でも治そうとしてくれた幸運もあったとはいえ、何よりも母の使命感がこの結果をもたらしたと言える。

それでは、母の使命感とは、どのようなものだったのだろうか。

もちろん自由恋愛に最高の価値がおかれている戦後民主主義の時代とは異なり、当時、結婚は家に縛られたものであった。母の実家も柏家と同様、富山県立山町の手作り地主（田畑を貸付けるだけでなく、自らも生産を行う地主）であったが、家格としてしては柏家より高かった。ただ柏家の祖父は、すでに新しい時代を見据えていたようで、その長男であるわが父祐賢の人間性と能力を高く評価、農業の道ではなく、学問の道を進ませた。

父はその期待に十二分に応えた。ただそれは決して容易なものではなく、苦難の道だったと言える。父母は、結婚後間もなく一女一男を授かったが、既に記述したように、人文科学研究所で博士論文執筆に邁進していた時期に、父が調査地である満州から強力な病原菌を持ち帰り、昭和一四年、長男尚史がその犠牲になったのである。

このときの母の悲しみの深さは想像に難くない。もともと浄土真宗の門徒の家に生まれた母は、この悲しみを克服するために「正信偈《しょうしんげ》」を諳《そら》んじるまでになったそうである。またこれをきっかけに母は、死んだ兄のためにも、学問という父の使命達成のために、父より長生きして世話をしつづけなければならない、という強い使命感をもつようになった。その結果、一九七九年に上顎癌を患い、身体障害者になっても、父の世話をしつづけたのである。

二〇〇四年の大晦日、李先生のご訪問が決まったとき、母は、この日のために父が生かされてきたのだね、と非常に喜んだ。母があの記念撮影の場所に出てきてくれたこと自体が、母にとっては最大の喜びの表現だったと、私は思っている。

私にとってみれば、兄が父の学問の犠牲にならなければ、この世に生を授かっていない可能性が高く、兄の分まで父母に尽くさなければという使命感を、ずっと持ちつづけることにつながった。

三　私の使命と新しい父の誕生

李先生と私との因縁ということになれば、さらに不思議なことが重なる。李先生との出会いで自らの使命感を深化させた私は、京都大学の対応にどうしても納得できず、李先生の母校訪問を実現するため、李先生と同じように学徒出陣組だった岡本正さんの協力を得て、三年時限の寄附講座を設立した。しかしそこで見たのは、極めて動機の不純な輩の動きだけだった。そして二〇一〇年に母を見送った私に残ったのは、李先生とわが父祐賢の関係を西田哲学で説くという学問的な課題だけとなった。

私は一〇年間にわたる父母の自宅介護によって、広い世界に目を開くことが出来なかったこともあり、まずは専門であった放牧酪農研究での視野を広げるため、北海道の牧場をめぐりはじめた。そして北海道とは対照的な沖縄に眼を向けて活動し始めた二〇一四年三月下旬、私は那覇で吐血して胃癌と診断され、七月上旬には京大病院で胃の全摘手術をした。それはステージ三の進行性の癌ということであったが、幸いなことに胃全摘手術は成功し、八月からは抗癌剤治療も始まった。そんな折、李先生は九月上旬に五度目の訪日をされ、大阪・東京・北海道と巡られた。

このときの訪日の目的は二つだった。一つ目は、長男憲文さんの命を奪い、李先生自らも患っておられる癌の苦しみから台湾国民を救うために、日本の癌最先端医療であるホウ素中性子捕捉療法（Boron Neutron Capture Therapy）を台湾に導入することであり、二つ目は、私の専門と少しは関係する美味しい和牛の台湾への導入であった。

私は李先生が訪日されることを知り、すぐに次のように伝えた。本来なら、大阪でのご講演を聴かせていただき、その謦咳に接したいのだが、胃癌を発症して手術、抗癌剤治療中のため、感染症の危険がある人の集まる場所には行くことが出来ない。かわりに、次男が大田先生とと

前列左・李登輝元総統、右・著者　後列中央・大田一博氏、右・大田氏の家族、左・著者の家族（2014.09.20　ザ・リッツ・カールトン大阪にて）

もに講演を聴かせていただくとである。

李先生からは了解した旨の返事があったのだが、宿泊しておられるホテルまでは来ることが出来るはずだから来るように、という指示があった。ホテルなら感染症の心配がないだろうというのである。そして九月二〇日、私は手術後初めて外出、京都から大阪梅田のザ・リッツ・カールトン大阪最上階のスウィートルームに出向いた。

非常に限られた時間ではあったが、その時の様子は記念写真によく表れている。李先生は私を傍らに座らせ、私の太ももをなでて下さったのである。それは何故であったか。補遺として本書に掲載している『「生きる」ための往生』に載せたわが父の葬儀での喪主挨拶、それを李先生は読んで下さっていたのである。私は感激の余りこころが打ち震えるのを覚えた。「我是不是我的我」という境地に達し、不可能を可能にした偉業をなし遂げた偉人には、ここまでも深い思いやりが生まれるものなのである。日本のいまの政治指導者を見るにつけ、背筋が凍る思いがするのは私だけであろうか。

いずれにしても、この日、私には新しい父が生まれ、私の使命感はさらに強く・深いものとなった。フィロゾフィーレンがひとに導くものは、結局、人間にとってもっとも根源的な問題である死を乗り越え、「いかに生きるべきか」を教えること、使命感を植え付けることなのである。

四　「生」ある限り使命遂行

二〇一八年六月下旬、李登輝先生は沖縄県糸満市の平和祈念公園を訪問された。総統退任後、七回目の訪日で、目的は先の大戦で日本兵として命を落とした台湾人を弔うための慰霊碑が建立され、その除幕式に出席するためであった。その碑には、李登輝先生が揮毫された文章が刻まれている。年始めに満九五歳になられた李先生は、既に移動は車いす、必ずしも健康状態は万全ではなく、五月末に、六月下旬の沖縄訪問についての新聞報道があっても、私はその実現

講演中の李登輝元総統（2018.06.23　糸満市サザンビーチホテルにて）

が不可能だと思っていた。

六月中旬になって実現の可能性が高まったことで、慌てて航空券を入手したが、沖縄では祝日の六月二三日の平和祈念日は、本島南部では宿が取れず、名護で宿泊した。また、日程的な問題もあり、二四日に行われた平和祈念公園内に建立された「台湾之塔」前での慰霊碑除幕式には立ち会えなかったが、前日に行われたホテルでの講演会で謦咳に接することができた。ご夫婦ともに車いすで会場に入られ、李先生は介添えを受けられながらではあったが、自らの足で壇上に上られ、その気力溢れる講演の様子は上掲の写真によく表れている。その使命感の強さは、死をも凌駕していたと言える。

そして事態はさらに大きく動いた。七月二三日、私は癌再発の告知を受け、死へのカウントダウンが始まるという事態に陥ったのである。

いま私が思うことは、私もまた李先生をみならい、命尽きるまで使命を貫きたいということである。こころを失い、人間をも物としてしか見られなくなってしまった日本と日本人、李先生が警告されるように、これでは人間、決して幸せになることは出来ない。そのような状況を変えるため、私は李登輝先生の教えを広めなければならない。また私が専門としてきた農学哲学においては、日本の農学や農業のあり方に変革をもたらし、より良い社会の実現のために尽くさなければならない。その使命を「命」ある限りやり抜く決意である。

補遺

「生きる」ための往生

この補遺は、柏久編著『「生きる」ための往生―李登輝台湾前総統恩師柏祐賢の遺言』(昭和堂、二〇〇七年)の「第二部　李登輝と柏祐賢」を再録したものである。

第一章　李登輝・前総統の日本訪問同行記

産経新聞元台北支局長　河崎眞澄

台湾前総統の李登輝（82）氏が三年八カ月ぶりの訪日を終えた。台北市内の自宅で会った李氏は「日台関係が静かで強い絆を築くことができれば今回の訪問は成功だ」と話し、先に家族とともに訪れた日本との関係が、水面下で実質的な結びつきを深めているとの認識を示した。その表情は自信に満ち、笑顔も絶えない。

李氏の側近で、訪日に夫妻で同行した彭栄次・台湾輸送機械会長は、李氏訪日に関する一連の事象を「一葉知春」と評した。「一枚の葉の色から物事の変化の兆しを知る」という中国語の成語「一葉知秋」を「春」に変え、「日台関係の春」を予感させる出来事ととらえた。

学徒動員先で八月十五日の終戦を迎えた名古屋城への五十九年ぶり再訪、京都帝国大学時代の恩師との六十一年ぶりの再会、そして台湾農業の恩人と敬愛する八田與一技師の故郷、金沢への初訪問など、李氏が「原風景」とする「日本」との結びつきが日本人の心を打った。だが「春」を予感させたのは、そうした「人間ドラマ」だけではない。李氏に対する日本の入国査証（ビザ）発給で垣間見えた日本外交のかすかな「変化」も見逃すべきではない。中国の王毅駐日大使に「トラブルメーカーではなく戦争メーカー」とまで李氏が酷評され、政治圧力をかけられながらも、ビザ発給に踏み切った政府の対応は注目に値する。

李氏が訪日を終えてみると、結果的に中国はめだった対日報復措置を取ることもできず、むしろ対日強硬姿勢を修正するかのような反応すら見せている。日本政府や日本人は、李氏訪日を通じて「意志を強く示せば中国の圧力に対抗し得る」ことを初めて経験したといえる。

二〇〇〇年五月に在任十二年に及んだ総統を退任した後、公職を退いた李氏が日本の土を踏んだのは二回目。日本政府は前回、二〇〇一年四月に「心臓病治療」のための人道的措置としてビザを発給している。しかし二〇〇二年十一月に、慶応大学学園祭で学生に求められた講演のための李氏側の訪日打診は拒絶した。

ところが昨年十二月二十二日、日本政府は、家族との観光旅行との李氏の申請を認めた。しかもビザ申請前から「李氏のビザを発給する」と、中国政府に通告までするという異例の対応をした。

李氏へのビザ発給から五日後。台北から名古屋に向かう日本アジア航空「EG二八四」便の機内で、李氏は上機嫌で「次回はもっと面白いビザで訪日したいなあ」と同行記者団に語り、目的を限定しない「数次ビザ」を念頭に置いた発言でさらなる訪日に強い意欲を示した。

ペルソナ・ノン・グラータ

李氏の座席は窓側「3K」で曽文恵夫人（78）は隣の「3H」。ビジネスクラスだが一般乗客と分け隔てはない。李夫妻とも機内食は「松花堂弁当」を食べ、どの客室乗務員にも「ありがとう」などと日本語で語りかけた姿が印象的だった。

この日、日本アジア航空機を利用したのには理由がある。当初はフライトスケジュールから、正午に台北を出発して名古屋に向かう香港発のキャセイパシフィック航空「CX五三〇」便に搭乗する予定だったが、直前に予約変更した。

関係者によると、香港から台北を経由して名古屋に向かうキャセイ機に、中国当局と関連のある人物が香港から搭乗してくるとの情報があった、という。キャセイ航空は過去にも、中国当局が「ペルソナ・ノン・グラータ（外交上の好ましからざる人物）」とする乗客に対し、台湾線への搭乗を、空港で突然拒絶するなど「前例」があることも分かった。

しかし三年八カ月ぶりに日本の土を踏んだ名古屋空港で李氏と家族は「ペルソナ・ノン・グ

ラータ」ではなく、「外交上の礼遇」をもって迎えられ、空港到着ターミナルでは二百人を超す日本人や日本在住の台湾人から歓迎を受けた。

「百年たっても師弟は師弟」

李氏が訪日中に幾度となく口にしたのは日本人の「哲学」、日本の「秩序」であった。道中に雪景色となった日本の風景や思い出の地への訪問、温泉や食事といった観光にも増して、「二十二歳まで日本人だった」という李氏は自らの原風景である「日本人」との邂逅にこそ、最も強い興味を示したようにみえた。

京都市内でこの冬初めて降り積もる雪となった大晦日の十二月三十一日、李氏は夫人と長男（故人）の妻、張月雲さん、孫娘の李坤儀さん（23）の四人で戦前に内地留学した京大農学部時代の恩師、柏祐賢氏（97）の自宅を訪ね、実に六十一年ぶりに再会を果たした。

柏家の応接間で柏氏に隣り合わせて座った李氏は、恩師の左手を軽く握りしめながら、体を寄せ合うように一時間近く談笑し、学生時代に思いをはせた。柏氏は「よくきてくれた」と繰り返し、「この年まで長生きできたのは、あなたに再会するためだと家内がいってくれた」と話しかけ、「柏祐賢著作集」二十五冊にすべて署名して、李氏に手渡した。

李氏は一九四二（昭和十七）年に同大農学部に入学した。当時は助教授だった柏氏から「北支（中国北部）農業経済社会」などの講義を受けたが、「柏先生は当時ハンサムで、論文も多作だった」と李氏は記憶している。柏氏は同大教授や京都産業大学長などを務め、農業経済学の権威として知られる。李氏は柏氏が京大を退官した二十年ほど前から、柏氏との再会の機会を探していたという。

李氏を迎えた柏氏は「百年たっても師弟は師弟。だがこの人は天下人だ」と話し軽快に笑った。六十年以上前に教えた学生の成長ぶりに目を細めた。

柏氏は、「学生時代（の李氏を）でっかい男だと思ったが今でもでっかい」と評した。恩師の隣で著作集に目を通す姿は「青年李登輝」そのものだった。

柏氏は、敏枝夫人（90）と長男の柏久・京大助教授（57）＝農業経済＝と夫人の知栄子さん（49）と同居している。久氏の長男の尚稔氏（24）は京大大学院工学研究科、二男の祐輔氏（20）は京大法学部に在学中。三代にわたる「京大一家」だ。

李氏から「誠実自然」と書かれた色紙を渡された尚稔氏は「存在感が大きかった。李登輝さんのような人物になりたい」と笑顔をみせた。「誠実自然」と色紙に書く際、李氏は「これが私の生きる原則だ。誠実自然であれと」といい、祐賢氏は「そう、その通りだ」と答えた。

農業経済学の権威、柏氏の有名な「柏学説」は、やはり農業経済で博士号を取得、その研究を戦後台湾の農業政策で実践した李氏の「原点」ともいえる。

進歩と伝統のアウフヘーベン

柏氏宅を訪問する前、雪化粧した銀閣寺を歩きながら李氏は、「行き詰まったときは、考え抜いて活路を見いだす西田幾多郎の哲学」を引き合いに出しながら「日本の秩序は優れており、台湾が新たな国家をつくるとき（モデルとして）大きな助けになる」と話した。

石川県かほく市の「西田幾多郎記念哲学館」を訪ねたときには、李氏は愛読書の西田哲学「善の研究」に関する展示からなかなか離れようとしなかった。

李氏が幾度となく語ったのは、「進歩の中で伝統を失っていない日本社会に何かを感じた」という言葉だ。李氏が台北に戻った後、柏久助教授と電子メールでやりとりする幸運に恵まれたが、久氏が最も注目したのが、李氏の「進歩と伝統」についての発言だった。承諾を得て久氏のメールを引用させていただく。

「李登輝先生が、進歩と伝統に注目され、対立するものをアウフヘーベン（止揚＝矛盾する点の統合的発展）することの重要性を盛んに主張されていることは私にもよくわかります。私はこのような李登輝先生の主張がすでに京都学派の流れにあるものだと考えていますが、さらに李登輝先生の台湾総統としての実践がまさに『京都学派』の（哲学の）神髄なのではないかと思っているのです」「しかもただアウフヘーベンするという抽象的なことだけでなく、そこでは『自覚』ということが重要になります。（中略）私は自覚すべきものが『場』（それは例えば日本が、台湾がいまある実体）と考えました。『場』は決して空間的なものではなく『在る』ものの時間的な空間的定位だ、と理解しています」

久氏はしかし、李氏に関し、これまで深く研究したことはないという。ただ「農業経済」というフィールドを同じくした研究者として、同じ柏祐賢氏の「門下生」として、「京都学派」の哲学の匂いを直観的にかぎ分けたに違いない。

「李登輝先生は『台湾人に生まれた悲哀』という『場』（本省人と外省人、公と私、伝統と進歩など対立するものの相克）を『自覚』し、その自覚の上によりよい『場』を構想し実践された結果、『台湾人に生まれた幸福』という止揚された『場』の形成を実現されたのではないでしょうか。そう考えるとき、李登輝先生の思想実践のバックボーンには京都学派の『哲学』が脈々と流れている、と私は主張せざるを得なくなるのです」。

「思索の旅」と「台湾意識」

哲学者の西田幾多郎や鈴木大拙の出身地、石川県や母校の京大がある京都を訪ねた李氏の旅行。彭栄次氏は、「単なるセンチメンタルジャーニーではなく思索の旅だった」と表現した。同時に李氏に接した日本人に対しても「思索」を与える契機を知らずに作ったといえる。

李氏は自らの思想形成の原点を訪ね歩き、持論である「台湾人としてのアイデンティティー（帰属意識）の確立」の重要さを、改めて認識したといえる。

李氏は、「（例えば）ゴミひとつ落ちてない社会。日本のそういう秩序が台湾の国づくりに欠かせない」という。「公」よりも「私」が優先された国民党政権時代の教育の残滓が、現在でも色濃く残る「中国人化」した台湾社会に影を落としていることは確か。このことが国際社会における「台湾自立」のための足かせになっていると李氏はいいたげだ。

李氏は、危機をバネに困難を克服、成長を遂げようとする日本人の根底に「哲学」「秩序」があると肌で感じ、その「力」を台湾に応用するすべに思いをめぐらせているようにみえる。同時に「日本人」を原風景とする李氏は、いまの時代を生きている「日本人」にも、そのことを伝えようとしているに違いない。

司馬遼太郎氏への「報告」

李氏は、離日する一月二日の朝、京都の大谷本廟に故司馬遼太郎氏（一九九六年二月十二日死去）の墓を参った。

大西真興執事長の案内で清水寺を参観し、境内から歩いて隣接する大谷本廟に入った。司馬氏が「台湾紀行」の取材で一九九四年に行った李氏との対談は「歴史的な対談」（同書に老台北として登場する実業家の蔡焜燦氏）と評されることが多く、李氏は戦前日本の同じ時代を共有する故司馬氏を、いまでも「心の親友」ととらえているふしがある。

墓前で家族とともに三度頭を下げ、花をたむけた。大晦日に雪だった京都はこの日、気持ちよい晴天が広がった。おもむろに胸ポケットからメモを取り出した李氏は、同行記者を前に今回の旅についての思いを流ちょうな日本語で語った。それはまるで司馬氏に聞かせるための儀式にも見えた。

「日本の皆様、在日台湾の方々。家族とともに七日間にわたる日本観光旅行を終えて、今日、帰国いたします。帰国するに当たり、改めて日本の政府および国民の皆様、在日台湾の方々が旅行中に与えてくれました親切なおもてなしや、ご配慮に、心から深く感謝の意を表す次第であります。短期間でしたが、日本の文化、国民の生活を実地に見ることができたこと、私にとってかなりの収穫が得られました。進歩の中にも伝統が失われずに維持されているのを強く感じました。このような事は帰国してからゆっくり吟味し、また勉強するつもりです。日台両国の静かな強いきずなになれたならこの度の旅行は成功だと思います。この機会を利用してもう一度、日本の皆様に敬意を表するとともに、日本がますます国際的に、また、アジアで最も発展するよう祈っております。さようなら」

さらに李氏は墓前で、曽文恵夫人が元日に京都で、司馬氏のみどり夫人にあてて書いたという色紙を取り出し、産経新聞記者に託した。色紙には「司馬先生にささげる」として、「彼岸にて　やさしきまなこで今もなお　台湾国の平和目守る」との歌が、曽文恵夫人の署名とともに端正な日本語でつづられていた。

司馬氏との対談の中で、李氏は「台湾人に生まれた悲哀」を語った。李氏が対談を前に曽文恵夫人にテーマを相談したところ、「台湾人に生まれた悲哀」をあげたからだ。長く外来政権下で自らの主張を抑圧せざるを得なかった台湾の人々の率直な思いだが、その「悲哀」を当時は現職の総統であり、絶対的な権力を握っていたはずだった李氏が口にしたことで、台湾の人々は李氏の「台湾人意識」をはっきり悟るきっかけになった。

しかし対談から二年後。九六年三月に行われた台湾史上初の直接総統選で李氏が再選される一カ月前に、司馬氏は旅だった。二〇〇〇年の総統選では、民主進歩党の陳水扁氏が国民党候補だった連戦氏や、国民党から離党した宋楚瑜氏を破って初当選。半世紀を越えた国民党政権支配に終止符が打たれ、台湾の民主化は新たな時代を切り開いた。李氏は心の中でそうした台湾の新たな時代と挑戦を司馬氏に語りかけ、「台湾人に生まれた悲哀」が「台湾人に生まれた幸福」へと止揚したことを報告したに違いない。

「旅の制限」と「沈黙の旅」

台北から名古屋へ向かう機中、中国の王毅駐日大使の李氏に対する「戦争メーカー」発言について、「中国は強国だから大きなことを言ってもいいと考えているが、日本人や国際社会はあざ笑っている」と痛烈に批判した。しかし、日本到着後は「日本政府の顔を立てる」ためなのか、政治的ととられる恐れのある発言を控え、記者からの問いかけにも短い受け答えしかしなかったため、台湾の新聞には「沈黙の旅」などと批判された。

訪問先の各地で、台湾出身者や李氏を支持する日本人グループの熱烈歓迎を受けた李氏だが、事前に日本政府がビザ発給の条件として提示したとされる「記者会見しない」「講演しない」「政治家と会わない」という、旅の制限である「三つのノー」を最後まで守り続けた。

一方で日本政府側は、李氏を「国家元首」並みとして手厚く警護した。外務省や警察庁、訪問先の府警、県警の連係プレーで一行の安全を守るとともに、突撃取材を試みた台湾や日本のメディアをシャットアウトした。報道陣からは不評もあったが、「李登輝の滞在中の政治的活動を許さない」と厳しくクギを刺した中国当局が、日本における派手な歓迎式典や報道ぶりなどに猛反発し、「李氏が二度と来日できなくなるような事態を（日本政府としても）避けたい」（外務省関係者）と粘った。

中国当局は「李登輝の日本滞在中の言動を注視する」と強く牽制し、国営新華社通信の東京特派員を、李氏の全行程に同行させて「監視」した。新華社通信はニュースソースは明かさなかったが李氏の行程や宿泊先などを、ほぼすべて「独自入手」していたもようだった。李氏の帰国後、新華社は「参考消息」で「李登輝は日本人になりたかった」などとする中傷のための記事を配信したが、中国当局は、李氏の慎重な対応や日本政府の強硬な姿勢から、報復措置はとれず、訪日批判も収束せざるを得なくなった。

「政治的意図」はどこに？

今回の訪日で、李氏に対して「政治活動は一切行わない」ことを要請した日本政府だが、しかし、実際には日本政府にその「政治的意図」があったと受け取れる。小泉純一郎首相の靖国神社参拝に対する中国当局の非難や、サッカーW杯における中国人サポーターの反日感情の高まり、さらに原子力潜水艦の日本領海侵犯と、その後の中国の高圧的な対応などで「嫌中感情」を強めている日本の世論を背景に、李氏を「対中牽制カード」にしたい政府の思惑も見え隠れする。

李氏訪日の前日、昨年十二月二十六日には、チベット仏教の最高指導者であるダライ・ラマ十四世が今年四月に日本の宗教団体の招きで来日する予定であることが報じられた。ダライ・ラマ十四世はチベット独立の精神的象徴で、中国政府は李氏に並ぶ「国家分裂主義者」と決め付けている。日本訪問は二〇〇三年の秋以来。何か符合するものを感じる。

日本の対中外交では、これまではＯＤＡ（政府開発援助）供与などが主軸だったが、中国の経済大国化による対日圧力の増大を背景に、抜本的な政策転換を迫られていることは疑う余地がない。他方、国際社会での存在感向上を目指しながら、外交空間を狭められる台湾にとっても、李氏訪日はメリットだ。

知名度が高い李氏の訪日を恒常化させることで、台湾の存在感が日本においてクローズアップされ、「嫌中感情」とのコントラストをくっきりと描くことが予想される。台湾の外交戦略にとって米国に並ぶ重要性をもつ対日関係強化は、願ってもないチャンスだ。台湾前総統の李氏自身も無言のうちにそうした「役どころ」を知ったはずだ。

昨年八月末の段階で、李氏の訪日計画が漏れた際、日本政府は、「十二月の台湾立法委員(国会議員)選挙までは政治的な問題が多い」として、ビザ発給を認めなかった。しかし昨年八月段階と十二月段階では、日本の政界に決定的な「二つの差異」があったことがビザ発給の分水嶺になったと指摘する声がある。

ひとつは自民党内で親中勢力だった「橋本派」の献金スキャンダルによる発言力の低下。もうひとつは、外相が「川口順子氏」から、「町村信孝氏」に代わっていたことだ。永田町の風向きも変わって、中国には逆風に、そして李氏訪日には追い風になったといえるという。

李登輝訪日後の中国の低姿勢

中国の王毅駐日大使は一月十三日、都内のホテルに森喜朗前首相を訪ね、冷え込んでいる日中関係について「今年は戦後六十年でもあり、関係改善したい」との意向を伝えたという。中国側が「低姿勢」で日本に関係改善を求めるというのも異例だが、王大使は、小泉純一郎首相の靖国神社参拝問題や台湾前総統、李登輝氏への入国査証(ビザ)発給に関し言及せず、外務省関係者を驚かせた。

李氏訪日前と訪日後の、日中の「ストリーム」は明らかに変わっている。

李氏は司馬氏の墓参のあと、関西空港から再び日本アジア航空機で台北に戻る際、機中で同行記者団と懇談した。「元気であれば『奥の細道』を全部歩こうと思っている。それには一カ月くらいかかりそうだ」と述べ、松尾芭蕉の「奥の細道」ゆかりの東北に思いをはせた。

日台関係について、「(一九七二年九月の日台断交後いまが)一番よい状態にあると思う」とした上で「日台関係は安全の面でもかなり大切」と話し、安全保障面での協力の重要性を強調した。

肥大化する「中国」と対峙せざるを得ない台湾にとっても日本にとっても、李氏の存在感を改めて感じたというのが今回の最大の成果といえるが、しかし、そうしたパワーポリティックス以上に、自信を失いかけている日本人に「真の日本人」とは何かを問いかけ続け、その「哲学」を実践躬行してみせる李氏の存在の貴重さ、大きさにこそ、日本人が最も関心を払うべきではないだろうか。

(雑誌「正論」平成一七年三月号掲載、肩書き年齢などは当時)

注

河崎眞澄氏は、この記事を『「生きる」ための往生』に転載した時には、フジサンケイビジネスアイ経済部次長。本書『李登輝の偉業と西田哲学』作成時は、産経新聞東京本社編集局外信部 編集委員兼論説委員。

第二章　架け橋としての西田哲学――李登輝先生への手紙――

一　はじめに

先生にご来駕いただいてから、はや二年になろうとしています。その間、間接的にしかご連絡をしておりません。ご無沙汰を、心からお詫び申し上げます。

本来、父柏祐賢からお手紙を差し上げるべきところだと思います。しかし、ご来駕いただいたときにわかっていただけたと思いますが、すでに父は介護の必要な状態になっていました。先生にもらっていただきました『柏祐賢著作集』全二五巻すべてに毛筆署名したことが、父の最後の大業だった、と私は思っています。そして人生の終わりにそれをなす機会を得たことは、父にとって大きな幸せだったに違いありません。

確かに形の上では、父はまだ仕事をしているように見えるかも知れません。というのは、今年一一月一〇日に満九九歳になり、それを記念して北斗書房から『残照』(1)という生涯最後の書物を出版したからです。しかし、この原稿は四年ほど前に自らの葬儀にご列席いただいた方々にもらっていただくように、という言葉とともに、私が書物にすることを委託されていたものです。今夏、父が体調を崩したときに、もうこれ以上引き延ばすことはできないと思い、私が作り上げました。昨年出版した私の『環境形成と農業』(2)とともにご笑納いただければ幸いです。

さて、このような状態では、私が父に代わりお礼状を書くべきだったのですが、私にはどうしても書けませんでした。形式的なお礼状ならともかく、私の感じ取ったものを表現するには、知識という点でも、思想という点でも、自らがあまりにも未熟だと感じたからです。そして形式的なお礼状で済ませることも、私には出来ませんでした。先生のご来駕は、私にとってそれほどまでに大きなことだったといえます。その後、先生と台湾について、そして先生と父祐賢を結びつける思想的なものを求めて、私なりに勉強をしてきました。そして未熟ではあっても、何とか手紙を書ける段階に到達できたと思うようになりました。

そのようなとき、手紙を書くきっかけも得ました。そのきっかけとは、学生からのメールでした。

二　学生との対話

戦後、日本は驚異的な経済発展を成し遂げました。その結果、今や日本は、見た目には豊かになっています。しかしそれはあくまでも物質的にというだけです。私の目には、日本人の心は貧しくなっており、社会はどんどん悪くなっているように見えます。構造改革を旗印に掲げる首相が出現したことから、変革への期待が膨らみましたが、経済的なことに少し明るさが見えたというものの、国民にはそれが実感できない状態です。社会的な不正や凶悪な犯罪が日々マスコミをにぎわせています。

国の将来を憂えていた私は、この国を立て直すには土台から変える必要があり、そのためには、若い世代の「教育」からはじめなければならない、と考えるようになっていました。といっても、私は、初等・中等教育に対して貢献できる立場にありません。それでは、どうすればよいのか。

幸いにして私は、エリートを多数輩出する京都大学の教員です。一九九一年の大学教育の大綱化以降、教養課程が廃止され、日本のエリート層が、教養という面で弱体化するのではないかと心配されています。これでは、日本社会が心という面で豊かになれるはずはありません。

教養のあるなしは、その人の心を決定づけます。社会を先導する人たちの教養が乏しければ、社会が豊かになるはずはなく、国民の心も貧しくなります。

私は京大内の異動を契機にして、二〇〇四年、なかば志願する形で教養教育に進出しました。全学共通科目と呼ばれている教養教育の講義を担当しはじめたのです。平凡だが、志をもった人間に、いったいどれだけのことが出来るのか、それを試すとともに、その可能性を示したいと考えました。そしてそれが必ずや日本の将来に貢献するであろうと信じています。

先生にご来駕いただいたとき、私のその挑戦は始まっていました。私は、教養ということが、教えるものではなく、「引き出す」ものだと考えています。知識は教えられますが、教養は教えることができないのではないでしょうか。教養は、自らの潜在能力を「引き出す」ことによって得られるもの、教師の役割は、引き出そうとする意欲を持たせ、引き出す手助けをすることだと思っています。言うなれば産婆さんのような役目です。

このような考え方を前提として、私は定員三七六名の大教室の講義に臨みました。考え方を実践する方法を、私はすでに二〇〇〇年に見出していました。それは、毎回の講義でメールにより出席をとり、それに対して私が返信をするという方法です。「出席メール」には、質問、コメント、感想などを書いてもらいます。受講生の潜在能力を「引き出す」には対話が不可欠だからです。定員五〇人程度の講義ならば、返信もそれほど苦労しませんが、マスプロ教育、それも京大生のような知的レベルの高い学生相手では、一週間のすべてを一つの講義の準備に費やさざるを得なくなります。さすがに返信は限定せざるを得ませんが、今年度に関していえば、私の返信メールは七回目の講義を終わった時点で、すでに一〇〇〇通を超えました。

しかし、その教育効果は非常に大きく、しかも年々、その効果が大きくなっているように感じています。そして学生の潜在能力の顕在化が進むとともに、私もまた、自らの内に眠っていた潜在能力を「引き出」されていることを実感しています。

三　誠実自然

さてこのような教育実践の中で、今年一〇月にきた一通のメールが、私に先生への手紙を書く決断をさせてくれました。メールの送信者は、今年度の受講生ではなく、一昨年度の受講生、現経済学部三回生丸田菜央さんという学生でした。

＊＊＊＊＊＊

【丸田さんからのメール】

先生が開講していらっしゃる「環境形成基礎論」を一回生のときに受講していました。今回、急にメールしたのは、そのときの先生のお話で忘れられないものがあったからです。

実は、今、小学生の生徒の家庭教師をしているのですが、もうすぐ一年の契約を終えてお別れすることになっています。

最後に何かすてきな言葉を贈れたらと思っていた時に、先生が授業中に話してくださった四字熟語のことを思い出したのです。人生の座右の銘になりそうな、驕らず堅実にがんばろうと思わせるような内容だったと記憶しています。

ただ、私自身、書き付けていたメモがどこかに行ってしまい、思い出せずにいるんです……。とても素敵な言葉だったので、探したのですが、どうしても見つけられなくて今回連絡させていただきました。

こんな漠然とした内容のメールで、教えていただきたいなんて本当に勝手なのですが、もし思い当たる言葉があって先生にお時間がありましたら、ぜひ教えてください。

突然こんなメールを送ってすみませんでした。

先生が、授業の出席メールをたくさん掲載しているページを見て、大変でしょうがそのスタンスを守られているのをすごくうれしく思います。
寒くなってきましたので、体調には十分お気をつけください。

【私の返信】

メール、ありがとうございました。

メールでおっしゃっている言葉は、「誠実自然」だと思います。台湾の前総統李登輝先生がわが家を訪問された折（二〇〇四年一二月三一日）、私の長男（現在、京都大学防災科学研究所博士課程一回生）が色紙に書いてもらったものです。李登輝先生は、求めに応じてよくこの言葉を書いておられるようです。

言葉の意味するところは、誠実な行いをもってすれば、自ずから然るべくなる、ということだと思います。私は、大学入学以来、「努めるところ 道自ずからひらく」を座右の銘としていますが、両者は同じ思想から出ていると思っています。李登輝先生に言わせれば武士道精神、私に言わせれば西田幾多郎の哲学です。いずれにしても、これらは日本精神の精髄を表現しているように思います。

家庭教師のお子さんにもよろしくお伝え下さい。

【丸田さんからの再返信】

先ほどメールしました、丸田です。

こんなに早くお返事をくださり、本当にありがとうございました。

しかも、あんな不十分な私の質問に対して、丁寧な回答をしてくださって心から感謝いたします。

ぜひ教え子にも伝え、私自身も今度はしっかり心に刻もうと思います。

本当に本当にうれしいです！

改めて見ても、素敵な言葉ですね。

家庭教師をしているときも、小学六年生になる教え子が、昔から伝わることわざや四字熟語を全然知らないととても寂しく思います。

でも、そのように若い世代の語彙の少なさを目の当たりにすると、私自身、言葉の大切さに再度気づかされます。

先生にもう一度教えていただくことができて、本当に良かったです。

多くの生徒の声に、このように耳を傾けていらっしゃる先生がいらっしゃることを心からうれしく思います。

夜分遅く、このようにぶしつけな質問、失礼しました。

また機会がありましたら、いろいろご教授ください。

どうもありがとうございました。


******

このようなメールをもらったとき、わたしは講義の中で「誠実自然」について話したかどうか、はっきりとは覚えていませんでした。しかし、話したとすれば、どういう脈略で話したかはすぐに理解できました。

私の教養教育に対する考え方が上述のようなものであるとしても、講義である以上、知識を教えるということもせざるを得ません。その際、私の講義においては、その知識内容は、私が研究の専門としてきた領域のものにならざるを得ません。そして私は、この講義で日本農業と環境に関わる知識を教えています。

二〇〇四年度は、新年を迎えた時点で、まだ一回の講義を残していました。ご来駕の際に、当時産経新聞台北支局長だった河崎眞澄さんと親しくなったこともあり、ウェブサイトで先生の幻の講演原稿「日本人の精神」を見つけました。八田與一さんの業績をたたえる先生の原稿は、私の講義内容に即しており、それをプリントにして受講生に配りました。その際に「誠実自然」についても話したのだと思います。

長男がいただいた色紙、今は額に入り、先生をお迎えした小さな応接間で私の生きる方向を示しつづけています。この言葉に接したとき、私の座右の銘「努めるところ 道自ずからひらく」と通底した思想を感得しました。それについては、もう少し後で書きたいと思います。

四　「個」の確立を求めて

私が教養教育の中心においているものは、「個」の確立です。日本社会のいまの乱れは、時代の大きな変化の中で、日本人のこれまでの考え方が通用しなくなってきていることに原因がある、と私は考えています。これまでの日本人は、「個」に対する意識が非常に低く、集団的な行動原理にしたがって生きてきたといえると思っています。私がこれを強く感じるようになったきっかけは、一九九一年夏に経験した三カ月のドイツ留学生活でした。

ドイツでは、家庭でも学校でも、子供達に「個」の確立を促す教育が行われていました。そして「個」に対する意識の高いドイツ社会においては、しばしの生活をしている外国人である私に対しても、絶えず「おまえはどう考えているのか?」という問いがとんできました。そのとき、私はいつも自分が確固とした意見を持っていないこと、日本では周りを見ながらその場その場の意見を作ってきたことに気づかされていました。

もう一つ気づかされたことがあります。それは、ドイツが個人主義の国である一方で、きわめて公共意識の高い国だということです。あれから一五年たった今、ようやく日本で意識されはじめたゴミ問題などは、当時すでにドイツでは国民がしっかりと意識して対応策を実行していました。その他にも国民の公共意識の高さを示す事例に事欠きません。私は、ドイツと日本を比較することによって、それまで漠然と感じていた日本人と日本社会の欠陥を、はっきりと認識しました。それは「個」の確立の未熟さということです。

私は、この認識をそれまでの私の研究と結び付けました。私は日本農業衰退の最大の原因を官僚主導型という構造的なものにあるという考え方に到達していました。しかしこの構造を生み出しているのは、決して為政者だけではありません。お上頼みから脱却できない国民、農民にも責任があります。お上頼みという傾向は、日本人の性格からきています。そしてその性格は、実は「むら」のエートスに発している、と考えたのです。

「むら」のエートスは、「個」の確立と相反するものだといってよいと思います。封建制の時代の産物である「むら」が今日まで日本に残ったのは、日本が水田稲作農業だったからだといえます。共同することが生きるために絶対不可欠だった「むら」、そこでの共同は、日本の農村において、社会の近代化以降も不可欠でありつづけました。日本人のルーツをたどれば、それほど昔までさかのぼらなくても農業社会です。この「むら」のエートスが日本人の性格を大きく規定しているとしても何ら不思議ではありません。ここでは「個」の確立は決して望ましいものではなかったのです。

戦後も、「むら」の論理が生きつづけている日本社会に、言葉だけの個人主義が、民主化のかけ声とともに持ち込まれました。そして日本においては、「個」が突き詰められないまま、個人主義が、単なる自己の利益至上主義、利己主義、好き放題のわがままに堕ちてしまっているのです。新しい秩序が出来ないまま、「むら」の論理と利己主義が同居している状態は、政治や社会の腐敗を生んでいます。

私は、「むら」にも日本の伝統を育んだ素晴らしいところがたくさんあると思っています。しかし日本の現状を見ていると、若い世代に「むら」の現実を話し、自分たちのルーツがここにあること、そしてその問題点や「むら」と政治の絡みの問題などについて話さざるを得ないと思い、それについて講義しているのです。その話は、受講生に少なからぬ影響を与えているようです。「むら」出身の受講生から、自らの体験に基づくリアリティー溢れる出席メール（下記のメールに書かれている抜粋版の一七九）が届きました。またそれを読んだ他の受講生（工学部一回生梅山大樹君）から、下記のようなメールも来ました。私は、梅山君への返信の中で、李登輝先生について書くことによって、自らの考え方を示したつもりです。

＊＊＊＊＊＊

【梅山君からのメール】

農協が政治家の票集めに利用されていることは、言われてみれば当然ですね。規模が大きい上に固定票となれば、政治家が放っておくわけがありません。しかし、コメの価格のことだけでなく、消費税引き上げ議論などを聞いていると、政治家というのは選挙に当選することしか考えていないのだなとつくづく思います。当選するために、少しでも敵を作るような政策には出来るだけ触れたくない、という考えが丸見えです。私たちは、日本の将来を本気で考えている人と、当選するために甘いことを言っているだけの人を見分ける必要があり、そのためには、この講義で得られるような情報・知識が必要です。日本人は、この「情報・知識」が絶対的に不足しているように思います。（実際私も、もしこの講義を聞いていなければ……と思います。）しかしながら、これは今ふと思ったのですが、政治家も生活がかかっているのですね。立候補するだけで莫大なお金がかかるとなれば、なんとしてでも当選したくなるのが人情でしょう。政界の腐敗は、まず立候補のためのハードルが高すぎることにも起因するのではないでしょうか。私が知らないだけかもしれませんが、そのあたりももっと工夫する必要があると思います。

第八回出席メール抜粋版の一七九がとても印象に残りました。特に、最後の部分「こういった土壌がなくならない限り、やはり国の改革はありえないでしょう」にとても共感しました。さらに突き詰めると、やはり「一人ひとりの個の確立」ということになるでしょう。人のことをどうこう言う前に、まず「自分こそが」しっかりとした個を確立しなくては、と感じる次第です。（ドイツの話を聞いていると、自分も個の確立された社会に行って、それをじかに感じてみたくなりました。若いうちにぜひ行ってみようと思います。）

【私の返信】

メール、ありがとうございました。

最初の段落は、日本の政治家の資質の問題ということができるでしょうか。これについて思うことがあります。

大晦日が近づいてきましたが、一昨年の大晦日に台湾前総統李登輝先生をわが家にお迎えしたとき、五〇人を超える日本のマスコミ関係の方の中から産経新聞台北支局長さんと親しくなりました。彼は、私に、「もし日本に李登輝先生のような政治家が出ていたら、日本のいまの状況はまったく違ったものになっていただろう」としみじみと、しかし確信を持って言われました。当時、私は、李登輝先生についても台湾についても十分な知識を持っていませんでしたが、お目にかかり、あふれ出る存在感（おそらくオーラと呼べばよいのだと思います）に圧倒されました。それから二年、私なりに李登輝先生と台湾について勉強し、その存在感がどこから来ているのかを理解できたように思っています。その無私で高徳な人柄、台湾および台湾に生まれた「自ら」についての明確な認識、台湾人に生まれた悲哀を喜びに変えるためにやらなければならないことについての鋭い洞察、そしてそれを果敢に行っていく実行力、すべての点で李登輝先生と肩を並べるような人を、日本の政治家の中に見いだすことはできません。

ただ、ここで注意しておかなければならないのは、元々学者である李登輝先生を台湾民主化のリーダーに押し上げたのは、先生の素晴らしさだけではないということです。国民の熱意が、李登輝先生を表舞台に立たせるような状況を生み出したと言えます。国民党の一党独裁、しかも第二次大戦後、大陸から渡ってきた蒋介石一統の支配体制の中で、元から台湾に住んでいた人たちにとって、民主化は悲願でした。その強い気持ちが、世界史に残る大業を李登輝先生に成し遂げさせたと言えます。

とするなら、日本においても国民の意識が高まり、強い気持ちが出てくれれば、日本の李登輝が誕生すると思います。いま日本にもっとも必要なものは、国民の意識の高まりではないか、と私は思っています。

第二段落についても、李登輝先生のことが参考になると思います。先生は、若き日、自我に苦しみました。自我を超克するために、日本で教養書と呼ばれるものを読みあさられたそうです。先生の考え方には、こうした努力の結果、様々な思想が影響を与えていると思いますが、私は、その根底をなしているのが西田哲学を中心とした京都学派の思想ではないかと考えています。先生はクリスチャンでありながら武士道を説いておられます。それは新渡戸稲造の再来と見ることができるでしょうが、そこには西田哲学という強力な背骨が入っています。京都学派の哲学は、キリスト教や武士道、さらには、はたまた左翼思想までも包摂してしまう懐の広いものです。

私は、西田哲学の出発点を、「自我を突き詰めて世界にいたる」というところに見ています。これは「個」の確立の土台になるものです。このような考え方は、西田哲学にだけあるのではなく、禅を中心に存在してきた、日本古来の考え方だと言えます。もちろん、若い世代がドイツのような「個」の確立した異文化社会を経験することは、非常によいことです。是非ともあなたにもトライしていただきたいと思います。ただ、日本にも「個」の確立の土台になる考え方が古から存在している、ということを忘れないで下さい。より良い未来社会は、伝統と進歩という相対立するものを止揚（アウフヘーベン）したところにしか存在しません。

＊＊＊＊＊＊

この私の返信メールは、先生のご来駕によって、私の考え方に変化が起こったことを表していると思います。「個」の確立の重要性を主張する点では何ら変化はありませんが、その源泉を日本の伝統的なものに求めはじめたのです。

私が講義で「個」の確立について話すと、受講生は西欧流の個人主義をイメージします。しかも、その個人主義は非常に偏ったもので、利己主義以上のものではありません。そこで、まずは西欧の個人主義がそのようなものでないことから説明せざるを得ません。そして、私が主張する「個」の確立が個人主義とも異なることも説明します。しかし、それではどう異なっているのかを説明するために、以前は、その根源を日本の伝統的なものに求めようとはしていませんでした。

ところが、先生のご来駕以降、西田哲学を勉強する中で、「個」を突き詰めて考えるということが、古来、日本にあったことに気づいたのです。

五　西田哲学が築く師弟の絆

李登輝先生と父柏祐賢との絆が京都学派哲学、とりわけ西田哲学にあるのではないか、というご来駕の際に感得した私の直感については、河崎眞澄さんが早々に書いて下さいました。あれから二年、私なりの勉強によっても、その考えに対する確信は深まりこそすれ、薄れることはありませんでした。そしていまや、私は西田哲学によって、日本の未来をひらくべく、日本の若い世代に自分の考え方を伝えるようになっています。

高い意識を持って講義を聴いてくれている女子学生（教育学部二回生松永智子さん）からの出席メールに対して、先生と父柏祐賢の絆に触れた返信メールを書きました。

＊＊＊＊＊＊

【松永さんからのメール】

今夜は満月です。

秋はなほ　木の下かげも　くらかりき
　月は冬こそ　みるべかりけれ
　　（詞花集　一四六）

澄んだ冬空を仰ぎながら、先週末の上京を振り返っていました。

金曜夜から日曜にかけて、東京で時を過ごしました。東大で開かれたシンポジウム（『メディアと戦争・敗戦・解放』）に参加した後、東京で学生生活を送る親戚から、高校・浪人時代の友人、社会人となった京大の先輩など様々な人と会い、大変刺激的な三日間でした。風土の異なる学生文化に触れることができましたし、大都会東京で働く先輩の話は、普段京大にどっぷり浸かっている私にとって新鮮そのものでした。

友人たちとは、将来のビジョンについて大いに語りました。

（思い出話に花開くことは言うまでもなく……）

その中で、学者を目指している友人の言葉が強く心に残っています。彼女は、浪人時代を九州で共に過ごした仲で、現在は東大の教養課程にあり来年からはフランス文学を専攻します。自分が学者を志すことを決意する過程において「現実と学問の関係性」について深く思考しているようでした。

（というのも、彼女がジャイナ教の研究者である父に多大な影響を受けていることに起因するのでしょう。彼女にとっては、あまりにも現実世界とかけ離れた生き方をしている父が説く「学問」に対して懐疑的に思えるそうなのです。）

「大学という世界にいて、本当に現実世界を知ることができるのだろうか。社会を知らずに、社会について考えることができるのだろうか。現実世界に対して有益なものを説いていくことこそが学問だと思うから。その連続性と、自分が学者になるために今、何をしたらいいのかがテーマ。」

「現実世界について考察（科学）する」学者の先生方にとっては、普遍的な問いなのかもしれません。また、学者云々だけではなく、人が真剣にものごとを考えるとき、その方法や内容において、哲学や思想を求めるのかもしれません。


追伸　先生の西田哲学にも影響を受け、私も京都学派哲学の勉強を始めました。

三木清の『哲学入門』から取り組んでいます。

この本の中にも、「現実」や「知識」、「人間」について考えるヒントが詰まっているように思います。

序論「常識」に感銘を受けました。


【私の返信】


メールから推察するに、日々有意義に過ごされ、ますます成長されているようですね。たいへん喜ばしいことだと思います。

満月、私も心洗われる気持ちで見ていました。詩情豊かな日本文化、後代に伝えてゆきたいものですね。

学問を志しておられるお友達の話、興味深く読ませていただきました。私も父親と同じ道を歩んできました。お友達とは違って、専門も同じです。というより父親の学問を継承する道をきました。この道を、強い意志で選んだわけではありませんが、そこには、はっきりとした理由があります。このことを随筆にも書きました。しかしこれをHPに掲げたところ、誹謗中傷だと、学内のある政治的勢力から糾弾され、不本意ながらおろしました。この道をきたことによって、周りから差別されてきたと言えるかもしれません。きわめて苦難の道だったといえると思います。しかし私は後悔していません。むしろこの道でよかったと思っています。差別をバネにしているつもりです。

お友達のお父さんへの反発、わかる気がします。しかし私は、出自にこそ自らの本源的なものがあり、出自を乗り越えてこそ、「個」を確立することができると考えています。願わくば、お友達のお父さんへの反発が、出自を乗り越えるためのものであってほしいものです。

お友達の問題意識を聞いて、私はやはり西田哲学のことを考えました。それは禅から出ている考え方で「一即多、多即一」です。世界はわれわれの中にあり、われわれは世界の中にある、と単純化してしまうと問題があるかもしれませんが、お友達の問題意識との関連で言うなら、大学にいても、大学の外の社会にいても同じだということです。

私が西田哲学を勉強しはじめたきっかけは、二年前の大晦日に実現した李登輝台湾前総統との出会いです。李登輝先生は、この来日で四つのことをされました。八田與一の生家訪問、西田幾多郎記念哲学館訪問、母校京大訪問（京大本部によって入構拒否されましたが……）、そして司馬遼太郎の墓参です。そして母校京大訪問の中に、恩師である私の父との再会がありました。私は、まったくのあばら屋である私の家で李登輝先生とご家族を接待しながら、いったい李登輝先生と父を結びつけているものは何か、という疑問をもちました。二人は確かに師弟関係ですが、極端な話があなたと私の関係以上のものではありません。いわば講義を通しての師弟関係なのです。それでいながら、私は李登輝先生と父に非常に強い結びつきを感じたのです。それがなぜなのか？

父の学問を私ほど理解している人間は、世界のどこを探してもいません。私はまず父の学問の中にその理由を探しました。もちろん、それまであまり知らなかった李登輝先生や台湾のことも勉強しました。しかし、考えてみれば、接待しながら疑問を感じた時点で、すでに答えは出ていたとも言えます。それが京都学派哲学だということを。それは西田が言う「行為的直観」というものかもしれません。李登輝先生は旧制中学・高校で日本的教養を徹底的に学ばれましたが、その中で西田の『善の研究』も愛読書でした。先生が京大で父の講義を聴かれた頃、父は人文科学研究所で西田の高弟高坂正顕の下で京都学派哲学と格闘していました。当然に、講義に京都学派哲学のかおりが色濃く出ていたでしょう。講義という場で、西田哲学を媒介として二人がむすび付いたと考えるのは、非常に自然だと思います。

李登輝先生の思想と足跡を勉強していく中で、先生の生涯はまさに西田哲学の体現だと信じるようになりました。私のこの考え方は、李登輝先生ご自身も否定されないと思います。李登輝先生はクリスチャンですが、西田哲学はキリスト教を包み込めるほど大きな裾野をもっています（それは左翼に進んだ三木清を生み出したことからもわかります）。世界史に残る偉業を成し遂げた李登輝先生の根源が西田哲学にある。西田は、大学の外の社会で生きたわけではありません。今出川から疎水沿いへとつづく、今日、「哲学の道」と呼ばれる道を歩きながら思索する中で、その哲学を構築しました。それが、李登輝先生を通して、世界史に残る業績につながっているのです。

お友達の「大学という世界にいて、本当に現実世界を知ることができるのだろうか。」というのは、私には間違っているように思います。ジャイナ教の研究者であるお父さんが説かれる学問が真理をついている可能性は大いにある、と私は思います。もし、機会があれば、お友達にこのように考える人間もいる、ということをお伝え下さい。

三木清、学生時代に『人生論ノート』を読んだ気もしますが、内容について覚えていませんので読んでいないのかもしれません。読んでいたとしても、読んでいないのと同じです。年が明けたら、これを機会に読み直してみたいと思います。

夜も更けてきました。読み返す余力が残っていません。このあたりで終わります。

＊＊＊＊＊＊＊

六　「やまとごころ」を世界へ

私は父柏祐賢の学問を継承する道を来ました。一九八〇年までは何か大きなものに引かれるように、そしてそれ以後ははっきりとした主体的な選択によって、この道を歩んできました。この道はイバラの道でした。しかし、この道を歩んできたからこそ先生との出会いがあったのだと思います。これは、まさに私の苦労に対する神からのねぎらいの贈り物だった、と今は感じています。

先日、学生時代以来の友人から「渓声山色」という言葉を教えてもらいました。『正法眼蔵』における渓声山色の悟りは、厳しい修行の結果として得られるものでしょう。私が厳しい修行をしてきたとは思いませんが、先生との出会いは、私にとって、ひとつの渓声山色なのかも知れません。「誠実自然」は、それをも含意しているように思います。

先生との出会いを契機に、私はひとつの境地に到達したように思います。

李登輝先生の日本人、日本社会に対するメッセージは、私流に突き詰めて簡略化するなら、「やまとごころ」を思い出せ、ということだと思います。その底には西田哲学がある、と私は信じています。先生の「日本の教育と私」における最後の部分、「私は誰だ」という問いに対して「私は私でない私なのだ」と結論づけられている箇所にいたって、私は西田哲学を強く感じました。

西田哲学はきわめて現実的な哲学だといわれています。先生は台湾の民主化という実践を通して、西田哲学を具現されました。それは、西田の思想や「やまとごころ」を世界に広げたことになると思います。西田は、自らの哲学・思想を通して日本の精神を世界に広げたいと思っていたともいわれています。その意味で西田幾多郎と鈴木大拙は志を同じくしていたのだと思います。

私は、先生のメッセージを重く受け止め、残りの人生を、京都学派哲学という立場から、日本の若い世代に「やまとごころ」を呼び覚ます伝道に尽くしたいと思っています。その私の努力は、おそらく「やまとごころ」を世界に広げることにつながるはずです。しかし、そのためには、私はまだまだ修行が足りません。学生達との対話によって自らの内に潜むものを引き出し、磨いていくつもりです。それはまた、若い世代に「個」の確立を促すことにもなるはずです。

このように考えるようになった私のなかに、先生の謦咳に接したいという気持ちが日に日に高まっています。しかし父の介護に明け暮れる日々、一日たりと家を空けるわけにはゆきません。先生の再来日を、心待ちにしております。

いまの私には、先生が奥の細道を歩こうとされている心も少しはわかるような気がします。西田をはじめ日本の伝統的な思想は西欧の思想とは異なり、物質と精神を分離して考えません。主客合一が最前提になっています。そして主客合一の境地こそ悟りなのだと思います。奥の細道には、先生が青春時代から追い求められてきた心の境地をひらく主客合一の世界があるに違いありません。

今年、二度にわたる再来日キャンセルの理由が体調であると聞き、心配しております。一日も早いご回復を祈念しております。

先生の播かれた種を大切に育てていく決意を表明して筆を置きたいと思います。

二〇〇六年一二月二四日

柏　久

注

(1) 柏祐賢『残照』、北斗書房、平成一八年。

(2) 柏久『環境形成と農業』、昭和堂、二〇〇五年。

第三章　柏門下のひとりの弟子

わが父柏祐賢の学説を特徴づけるものに、主体性理論というのがある。それによれば、人間は、たんに「在る」ものではなく、自らの意思によって「作り」ゆくものであるという。まさにそのとおりであろう。しかし、いまこうして『柏祐賢著作集』全二〇巻の最終配本にあたり、その折り込み原稿を書こうとしている自分に思いをめぐらすとき、人間の意思を超えた、何か大きな力を感じないわけにはゆかない。

いまから二五年前の今日四月一六日、ひとりの前途有為な農経学徒が死んだ。その名を丸岡健次という。前日まで元気に活動していた彼が、次の日には帰らぬ人となっていた。享年二八歳、あまりにも若く、あまりにも突然の死であった。一部の兄弟子たちは、彼の訃報を聞き、とっさに自殺を思ったという。実際には、自殺ではなく、原因不明の「ぽっくり病」ということであった。同門の研究者たちが集う研究会においては、今日においても、話が健次兄のことにおよぶことがある。われわれ仲間にとっては、それだけ忘れ得ぬひとということであろう。私は、彼の死後一〇年ほどして、同門の研究者となって研究会に参加するようになり、「自殺だと思った」という話を聞くのであるが、当初、それを単純に「突然の死」ということと結びつけて考えていた。しかしいまでは、そこにもっと深い意味があると信じるようになっている。

高松市に生まれた健次兄は、生まれ育った瀬戸内海の美しさをとおして、海に憧れるようになる。そして昭和三〇年、水産学科に進学すべく京都大学農学部に入学した。ところが、教養部の二回生のとき聴いた、柏祐賢による農学概論の講義が、彼の進むべき道を変えた。柏祐賢に魅せられた彼が専門課程に進むとき選んだ学科は、農林経済学科だったのである。だから、もちろんゼミは、柏祐賢が創設し担当した農学原論を選ぶことになった。そして『漁業に於ける資本主義の発展—香川県漁村の実態分析を中心として』という立派な卒業論文を完成させ、大学院に進学した。

当時、柏祐賢はドイツへ留学中（昭和三四年一月から一年間）であり、留守をあずかる母と姉と私の三人だけでは寂しかろうと、弟子の方々が足繁くわが家を訪れ慰めてくださった。もちろん、そのなかに健次兄が含まれていたことは、いうまでもない。しかも健次兄は、私にとって、他のお弟子さんとは違った、特別な関係をもった人となった。私は、幼いときから昆虫好きな少年であったが、導き手がなかったこともあって、本格的な昆虫採集をするまでにはいたっていなかった。ところが、健次兄が話す彼の故郷大滝山でのオオムラサキの採集についての話などは、たちまち私を虜にし、本格的な昆虫採集に導いた。私は、健次兄によって、蝶の美しさ、ひいては自然の美しさを知るようになったといってもよいであろう。昭和三四年から三五年にかけて（健次兄の大学院修士課程時代、私の中学一〜二年）、健次兄と私が訪れた採集地は数知れないが、信州八ケ岳への採集旅行は、今なお昨日のことのように思い出される。この二年間に私が健次兄からおそわったことは、もちろん昆虫採集だけではない。私は、有形無形な数知れずのことを吸収した。それは私の人生を決するほどのものであった。

ところが、三六年の春を境にして、健次兄と私の関係は、かなり疎遠なものとなった。というのは、健次兄が私を避けるようにしはじめたからである。それがなぜなのか、当時、私にはわからなかった。

大学院時代の健次兄は、純粋で真面目な勉強家で、緻密で、大地に根を張るような態度で研究を進めていると見られていたようである。そして「もし生きていたら、立派な研究者になっていたに違いない」（一年先輩の藤谷築次教授談）というのが、彼を知る人たちの、今日におけるる思いといえそうである。もちろん、いまから二五年も前のこととて、博士課程へ進んでからの健次兄の学問上の変化や、当時おかれていた状況まで覚えているひとはほとんどいないであろう。健次兄の修士論文は、「日本農業発展過程に於ける農企業主体性　―特に現今の動きを中心として」というテーマであり、二部に分かれた四〇〇字詰五五六枚の大作である。その第一部は理論編であり、柏祐賢の主体性理論を消化し、それをまとめあげたものである。そして、第二部は実証編とも呼べるものであり、その理論を現実に適用して、日本農業の発展過程を解明しようとしたものである。まさに農学原論の本流中の本流をゆくものであり、高く評価されるべきものであった。柏祐賢もまた、この論文を高く評価し、彼のなかに自分の後継者を見ていたようである。ところが、この論文は、彼の運命を思わぬところに導くことになってしまった。

健次兄は、純粋な気持ちで、自らが魅せられた柏学説を研究し、それを自分のものとしようとしたのであるが、それが修士論文という形となって現われたとき、柏祐賢の後継者としての名のりをあげたことになってしまったのである。これが一部の兄弟子の不快を誘うことになり、彼らによって、健次兄の修士論文は酷評された。健次兄にとっては、先生筋にあたる人からの酷評であり、人間の醜悪さに疎い純粋な彼にとって、この酷評は応えた。悩んだあげく、彼は柏学説を遠ざけ、急速に実証史学に傾斜していくことになる。健次兄が私を避けるようになったのも、ちょうどこの時期のことである。しかし、健次兄の柏学説への傾倒が、純粋で心の底からのものであったからこそ、彼は決して実証史学で満足できなかった。この学問上の精神的葛藤に加えて、さらに後継者争いを中心とした醜い人間関係の渦のなかに巻き込まれたのであるから、死に至る前の二年は、彼にとって、まったく暗くて陰鬱なものだったであろう。だからこそ、彼のこのような状況を知っていたひと達は、彼の突然の死を知り、とっさに自殺を思ったのである。もし、健次兄が誰に何をいわれても、自分の道を進める強い人間であったなら、死なずにいたかもしれない。その意味で、彼は弱かったのだ、といってしまえばそれまでである。しかし見方を換えれば、彼は、学問の道をはずれて、学問を己の出世や権力の奪取のための手段に化してしまっているえせ学者たちに、殺されたということにもなる。死の朝、健次兄の枕許には、しおりのはさまれたシュンペーターの『経済発展の理論』があったという。

健次兄の遺体は、京大医学部で解剖されたあと、その霊安室でわれわれと最後の別れをした。人目をはばからず慟哭する柏祐賢の姿を見たのは、わが四一年の生涯で、そのとき唯一度である。柏祐賢は、そのときペスタロッチの悲劇を身をもって感じていたのかもしれない。

家学三代という言葉があるそうである。人びとは、私にその言葉をあてはめるかもしれない。しかし私には、そのような気持ちはまったくない。いま私が思うことは、もし健次兄が死なないでいたなら、自分は別の道を進んでいたに違いない、ということである。というのも、私には、自分が健次兄の霊に導かれて、いまの道を進んできたように思われるからである。

健次兄の死後数年して、私は、さして大きな理由もなく、何かに引かれるようにして、京大農学部農林経済学科に入学した。入学後まもなく、父が高松に所用があったこともあり、健次兄の霊前に報告しようということになり、父と私は、丸岡家を訪れた。健次兄のご両親はたいへん喜んでくださったのであるが、そのとき予期せぬことが起こった。ご両親は、「私たちは、この日のくることを信じていた。そしてそのとき、あなたにもらってもらう健次の形見を大事に保管してきた。どうぞ受け取ってください」といわれるのである。それは、二〇冊近い柏祐賢著の書物であった。健次兄所蔵の専門書は、彼の死後、すべて京大農経教室に寄贈されたもの（約五〇〇冊の農経丸岡文庫がある）と思っていた私たちは、たいへん驚いたのである。そのなかの一冊『経済秩序個性論』第一巻の表紙裏の一ページ目に書かれていた、柏祐賢が健次兄に贈った「努めるところ 道自からひらく」は、いま額に入って私の座右の銘となっている。

しかし、京大入学後も、私の道は、決して一本道ではなかった。まさに迷いの連続であった。ただ、分岐点には、いつも健次兄が登場した。たとえば、就職か大学院進学かで迷ったときも、私は、ひとり思い出の八ケ岳に登り、進学を決意したのである。ただし進学後も私は、なるべく柏祐賢とは違った道を進もうとした。しかし、昭和五五年の終りに起こった出来事が、私に、いまの道を進まざるを得なくするのだが、そのときも健次兄がからんでいる。その間の事情について語る余裕は、もはやない。しかし今はっきりといえることは、私が柏学説を継承し、発展させる道を進もうとしているのは、健次兄の意思を継がんとするからこそなのだ、ということである。

健次兄の意思の継承を決意した私は、いま、ある意味では彼と似た外的状況におかれているといえるかもしれない。しかし私は、いまの道を変える気は毛頭ない。というよりむしろ逆に、門下生と目される人たちに訴えたい。その学問を学ぼうともせずして何の門下生かと。いまいちど、柏祐賢が命をかけて農学原論講座を開設したのは何故だったのかを問うべきである。その答えは、柏学説のなかにしかない。学問を継承・発展できないのなら、その意味はないのであり、速やかに去ればよい。私には、柏祐賢の学問の継承・発展を、息子である私がなすより、他の門下生が行なう方がよいようにも思える。しかし、いまの状況下では、私が丸岡健次となり、その意思を貫かざるを得ないのである。たとえ「ひとり講座」となろうとも、私はいまの道を、全力を尽くして進むつもりである。

以上において私は、如何に、人間の意思を超えた何か大きな力によって、自分がいまの道を進むようになったかを語ったつもりである。だが柏祐賢がこれを聞くなら、次のようにいうかもしれない。「そこに何か大きな力を見出すことこそ、君の主体性なのだ。だから君の語ったことは、まさに私の主体性理論の証明なのだ」と。

昭和六三年四月一六日

（初出は、『柏祐賢著作集』第一九巻付録「月報二〇」、一九八八年七月一日、京都産業大学出版会。柏祐賢著作集編集委員会編『学と人』京都産業大学出版会、一九八八年、二五二〜五九ページの再録。）

第四章 「心と心の対話」(喪主挨拶)

新年度のお忙しい中、父柏祐賢のためにご会葬賜り、喪主として心からお礼申し上げます。喪主の挨拶、皆様に父の最後について少しお話しさせていただき、故人を回想していただくのが一番よいのではないかと思います。

父が京都産業大学の理事長を退任してから七年半がたちます。その間、私が介護にたずさわったのは六年余りです。最初は、風呂にはいる介添えとお医者さんに連れて行く程度の軽いものでしたが、それは徐々に厳しくなっていきました。そして二年前の七月からは、要介護四という相当に厳しい段階に入り、わたしは出張もままならなくなりました。その後、山あり谷ありでしたが、一年半あまりを無事に過ごしてきました。ところが、昨年一二月二七日に三九度の高熱を出して苦しみました。腎盂炎だったようで、お医者さんの処置が良く一週間で驚異的に回復しました。しかしこれを機に介護度は五の最高レベルに達しました。

ただ、それからの二ヶ月は小康状態で、ものも食べられ、ビールも欠かしませんでした。ところが三月に入ると、急速に状態が悪くなり、三月四日からは点滴が始まり出しました。最初の二日間は点滴が良く効き、六日には吸い口でビールも飲みました。しかし徐々に口からものを入れることができなくなりました。

頭は最後まで非常にしっかりとしていました。三月四日以降、私は夕食後一時間あまりずつ添い寝をしました。いつも手足が冷い状態なっていましたので、片手ずつ私の両手で暖めました。そして三月九日から声が出なくなりました。

一〇日には、電解質のバランスが崩れてしまったようで、朝から間歇的なけいれんが起こりました。そして添い寝をしている間にその間隔はどんどん縮まっているように感じました。私はその日の夜中が危ないと思い、息子二人を呼びお別れをさせました。父は、うれしそうな顔をして孫の手を取りキスをしたり、その手を自分の額に持って行ったりしました。声が出なかったので、心と心で会話をしたのだと思います。父の思いは、十分に私の息子二人に伝わったと思います。

そのあと、私は一時間ほどかけて介護作業をしましたが、一日つづいたけいれんは午前〇時頃にはおさまりました。そして、その夜は何事もなく過ぎました。次の日は朝から父は非常に穏やかでした。これならまだしばらくは大丈夫だろう、と私は思いました。

その夜も、夕食後、添い寝をするために父が寝ているところにいきました。家内も見舞うためにいっしょでした。すると、われわれを見て「こ、こ、こ……」と何かを訴えようとしました。声が出ない、ということだと思いました。声が出ないなら、無理して声を出すことはないよ、といって私は添い寝をし始めました。そして家内は家事に戻りました。

父と私は心と心で対話をしました。父は実にうれしそうでした。二人にとってとても満足な時が過ぎていきました。そして一時間くらいして、私が介護作業のために起きあがると思ったのでしょう、父は、何かを一生懸命伝えようとし始めました。

「ほ、ほ、ほ……」「ほ、ほ、ほ……」

最初、私は何のことかわかりませんでした。耳を父の口元に持って行って、一生懸命聞き、考えたのですが、なかなかわかりません。しかし、しばらくして『残照』のことを言っているのだと思いました。

『残照』は、本日、ご会葬いただいた皆様にお持ち帰りいただきます父の最後の著書です。私はこの書物の原稿を四～五年前に父から渡されました。本にして、自分の葬儀に集まって下さる皆さんに差し上げてくれ、と父は言いました。私は本にしてしまうと父が逝ってしまうように思い、その仕事を遅らせつづけました。しかし昨年七月に父が体調を崩したときに、もうこれ以上、遅らせると葬儀に間に合わなくなってしまうかもしれないと思い、本にしました。

それが完成した九月以降、父はいつもこの本を枕元に置き、「いい本だ、いい本だ」といいながら、この本ばかり眺め、読んでいました。そして私に「ありがとう」「ありがとう」と言って感謝してくれました。

三月に入ってからも、この本は枕元にあったのですが、見る余裕もなく手が届かないところに移動していました。私はこれを父の手に持たせました。父は非常にうれしそうな顔をしてこの本を手に取りました。しかし、しばらくして、この動作さえ父には大変だと思い、父の枕にくっつけておいてやりました。

するとまた、「ほ、ほ、ほ……」と言い出しました。今度もまた最初は何なのかわからなかったのですが、五本の指を広げて手を振る動作から、まもなくわかりました。「著作集二五巻」を、お棺の中に入れてくれというのだと思いました。私は、「わかった、すべてわかったから安心して」と言いました。しかし父には、どうわかったのか理解できなかったのでしょう。納得した様子はありませんでした。

私は家内のいる台所に行きました。家内は家事をしながら泣いていました。何かを予感していたのでしょう。私は事情を話しました。すると家内は、「お棺と言うから悪いので、いつもおじいちゃんのそばに著作集を置いておくよ、と言えばよい」と教えてくれました。私は父のところに飛んで帰り、そう言いました。父はそれを聞いて非常に安心した顔になりました。そしてとても安らかに寝始めました。そしてその眠りの中で、旅立ってしまったのです。

父は、人生最後の最後まで、学問に生きた人でした。そしてそれを献身的に支えてきたのが母でした。家族は六人から五人に減りました。残ったものが支え合って、おばあちゃん（母）を大切にしていきたいと思っています。

最後にもう一つお話しをしたいと思います。学問に生きた父の最後の仕事は、二〇〇四年の大晦日にご来駕いただいた李登輝先生にもらっていただく『著作集』二五巻すべてに毛筆署名したことでした。私はこの介添えをしました。この六一年ぶりの再会において、二人が何を話したのか、記者や多くの方によく聞かれます。私は心と心の対話であって、言葉にはできない、とよく言います。

私は、あのとき以来、新聞記者の河崎さんという親友を得ました。彼はいつもあの再会に関して、「一〇〇年たっても師弟は師弟」という父の言葉を取り上げます。確かに言葉にするなら、これはあの再会をもっとも良く表していると言えます。この言葉は確かに父の口から出たものですが、しかしこの言葉は、あの舞台づくりにたずさわったものすべて、そして何よりも李登輝先生ご自身の気持ちだったと思います。これはまさに心と心の対話です。

父最期の時、父と私に、この心と心の対話がよみがえりました。添い寝も何日もつづくと大胆になります。最後の晩、私は、父の足に自分の足を絡めて添い寝しました。そして冷たい手を片方ずつ両手で温めました。父は本当にうれしそうでした。そして、あいているもう一方の手で、私の足を盛んになでてくれました。二人のこころは一つにとけ合っていました。それは、二人にとって至福の時だったと思います。

これを言葉にすることは無粋だといえるでしょう。しかしあえてそれを言葉にするならば、「ありがとう」という言葉以外あり得ないと思います。

父の深い感謝の気持ちは、私や七〇余年連れ添った母に対するだけでなく、今日ここにご会葬いただいた皆様、そしていろいろな事情でご会葬いただけなかった方々、すべての皆様に向けられていると思います。

本当に、本当に、ありがとうございました。

柏　久

二〇〇七年四月七日

第五章　李登輝先生致柏祐賢先生之喪弔辞

柏久様　御遺族の皆様

この度は、ご尊父　柏祐賢先生の訃報に接し、今ご遺族の皆様に、どのようなお慰めのお言葉を申し上げてよいか、迷っております。

先生のご逝去を耳にし、愕然としました。まず茲に謹んで哀悼の意を表します。

想えば三年前、二〇〇四年十二月三十一日、大晦日の日に、柏先生のお宅にお伺いし、先生と六十一年ぶりに再会し、お元気なお姿を見、親しく語らったあの日が、先生との最後の日となってしまいました。

なぜ、あの時、もっとしっかりと先生の手をにぎらなかったのだろう！と悔やまれてなりません。しかし先生の温かなやさしい手のぬくもりは今も伝わってくるようです。あの日柏先生は「百年経っても師弟は師弟。だがこの人は天下人だ」と笑いながら仰ってくださいました。しかし、そうではありません。私は、先生の前で、いまだ二十三歳の学生です。いや、先生が身罷られた今も、私は永遠に二十三歳の柏先生の学生なのです。

台湾の高校を卒業した後、私は一人で京都大学に参りました。友人もなければ、頼る人もいない、そのような不安な学業生活を送っていた私に、柏先生は、学問はもちろんのこと、人の在り方や人の生き方も教えてくださり、更に元気と勇気を与えてくださいました。

終戦で私は台湾に戻り、今に至りましたが、この数十年以来、私は先生の教えを片時も忘れることはありませんでした。先生が私に授けてくださった教えは、それからの私の人生における原則となりました。もし、あのとき、柏先生の偉大な教えがなければ、現在の李登輝もなかったと思います。

一世紀もの間、激しく移り変わったこの世の中を生きてこられた私の恩師、永遠に私の心に焼きついて忘れることのできない私の恩師、柏先生！本当にありがとうございました。

最後になりましたが、再度柏祐賢先生のご冥福を深くお祈り申し上げ、私の弔辞とします。

二〇〇七年四月七日

第六章　李登輝前総統と恩師柏祐賢先生

紆余曲折を経て、度重なる奮闘努力と悪戦苦闘のすえに、ついに李登輝前総統の訪日にこぎ着けました。さらには二〇〇四年除夜の鐘を聴く夕べ、六一年ぶりの師弟の再会に微力を尽くしました。この年、古稀を遙かに越えた耆旧のお二人、霊犀あい通じる師弟が再会する瞬間に立ち会った私は、この世でこれ以上ない誠に大きな感情の発露を目の当たりにしました。また、柏先生の永遠不滅の輝きを感じるとともに、幾千万の日本人の心をいただきました。柏先生は一九〇七年、明治四〇年のお生まれで、先月（二〇〇七年三月）一二日、ご逝去されました。享年一〇一歳です。一九三三年京都帝国大学を卒業され、京大助教授、教授をご歴任ののち、京大を退官され、京都産業大学より招聘を受け、教授、学長、理事長を経て九二歳で退職されました。六十年を越える年月を教育に捧げてこられ、二〇〇〇年には勲二等瑞宝章を授与されました。先生こそまことの儒者、名声は世に渡り、名望は学術界にとどろき、農業経済学の泰斗とされる第一人者で、偉大な教育者であられます。お若いときドイツ留学の途次台湾に立ち寄られました。

　それ以来絶えず台湾に関心を寄せられ情熱をそそいでこられました。なかでも「天下人」となった高弟の台湾人学生李前総統には大きな期待がありました。李前総統の訪日が幾度も頓挫するのを目の当たりにすると、自ら東奔西走に身を砕くだけでなく、努力不足で助けられないのだと考え、たえず胸中につかえるものがありました。先生ご存命の時、幾度となく家族にご自身の訃告文を李前総統に渡し、さらには李前総統の訪日が実現するよう取りはからうべく申しつけられました。このような先生の学生に対する真摯な思いやりに大変深い感銘を受けました。お二人がお会いになる前、久しく病床にあった柏先生は気力を奮い立たせて、ご自身の『著作集』二五冊に自ら筆を執って題字をお書きになり李前総統に贈られました。これが先生の最後の仕事でした。再会を果たされると、お身体は日に日に悪くなられ、半身不随の状態で床につかれました。一人息子である柏久先生は京大教授であるにもかかわらず、介護の負担を一身に担われ、大小便の始末、時間を決めて身体をさすってあげること、話し相手になって退屈を紛らわすこと、寒い日にはお父様に身体を寄せて暖かくしてあげることなど、こまごましたことにまで気を配られました。柏久教授は日夜を分かたず、他人の手を借りずにすべてのことを自分でされました。嫌だと思うようなこともなく悔いを残さないように情愛を込めて世話をされ、お父様が天壽をまっとうされ、安らかにお休みなさるようになさいました。柏先生父子は共に得難い謙虚な君子、品性高潔の人士というべきです。この世に賢明な父と孝行息子の模範があるとすれば、柏先生のご一家を除いて他にはないだろうと思います。とりわけ騙しあいが満ちあふれ、人の情けや道理が日に日に薄れていく利益追求社会にあっては奇特なことと言うべきでしょう。

柏先生は耆旧の賢俊であられ、門下生は数知れず、いずれも要路で活躍されています。ご逝去は日本の学術界にあって大きなことです。李前総統は再度万難を排して葬儀に参列するべく最大限の努力をされました。しかし、李前総統の身分は特殊ですから、ただただ眺めているより術なく、いろいろの事情により身動きがとれず、諦めざるを得ませんでした。先日京都で行われた告別式には各界の錚々たる方々が多数ご列席なさいました。その式でご遺族より無名の「台湾人」であるわたくしに、壇上より李前総統の代わりに弔辞を読む栄誉をいただきました。写真の閃光を浴びながら大勢の前で身を固くし、謹んで李前総統の哀悼の気持ち溢れ先生を追慕する弔辞を一字一句噛みしめながら代読申し上げました。感激に打ち震えながら弔辞を読み終えると熱い涙が溢れ出てくるのを抑えられず、胸一杯の感懐に浸りました。日台現代史に活躍されたご両人は、国と分野の違いはありますが、共に大いなる業績を残しました。ひとびとから尊敬される先生とその愛弟子であるお二人は、歴史の荒波に翻弄されたあとにおいて、永らく分かれていた針と糸が出合うが如くで、その再会をお助けした小生は、状況を説明する責任を痛感しました。ここに拙文をしたためてその証といたします。くわえて李前総統の弔辞を訳して、世代にまたがった師弟間の真心あふれる情感を多くの人に知っていただくとともに、すべての台湾人に、台湾に終生変わらぬ思いやりをいただき続け、台湾に代わって一人の傑出した指導者を育てはぐくんでくれた外国人の友人がいたことをいつまでも心に止められんことを願っております。

台湾に天佑あれ

二〇〇七年四月九日

医療法人　輝生医院　理事長　大田一博（王輝生）敬白

注

原文は台湾語、大田先生ご本人の翻訳による。

あとがき

本書のタイトル『「生きる」ための往生』に驚かれた方は少なくないと思います。一般に往生とは死ぬことを意味しますから、これでは、生きるために死ぬということになり、矛盾しているように思われるからです。この書名は、私の次男祐輔によって提案されたものです。この一見矛盾しているように思われる書名、最初に聞いたときから、わたしには、きわめて自然な響きで迫ってきて、心地よく受け入れられました。

この書名について、仏教に造詣が深い畏友木村道夫氏に意見を求めたところ、次のような返事が来ました。

「本当に良いタイトルだと思います。

往生は死後のことにあるのではなく、現世を空理に則り（凡夫にとっては阿弥陀仏へ帰依して）よりよく生きていることが往生（浄土への道）で、死後にこそ成仏（悟りを得ること）が約束されるのでしょう。

ただし、よりよく生きるといっても、現世の道徳的善ではなく、もちろん地位や名声や財産などの現世利益は論外で、宗教的善――（空の智慧に基づく）無差別平等の精神――に生きるということだと思います。」

これが意味することは、人間が現世でよりよく生きるためには往生が重要だということでしょう。わたしが喪主挨拶で話したように、父の死はまさに大往生でしたが、それをもたらしたのは、父の生き方そのものだったように思います。

父の本葬に際して、ご会葬いただいた皆様にもらっていただいた父最後の著書『残照』（北斗書房）は、浄土真宗門徒としての父の深い宗教心を表したものです。したがって、父を追悼するという意味を持つこの書物にとって、『「生きる」ための往生』という書名は決しておかしくないはずです。

ところで、この書物の中心的な部分は、一九八四年に未来社から出版され、『柏祐賢著作集』第一三巻（京都産業大学出版会、一九八七年）に再録されている『学問の道標』です。わたしがこの本を選んだ理由は二つあります。

これも喪主挨拶で話したことですが、他界直前の父とわたしの息子（父にとっては孫）二人との心の対話は、息子たちに父（祖父）に対する強い関心を生み出しました。そしてその後、息子の求めに応じて、わたしが読むのを推薦した父の書物が『学問の道標』でした。もし父祐賢に関心を持っていただける方があるとするなら、まずこの本を読んでいただくのがよいのではないか、とわたしは思っています。

もう一つの理由ですが、父の死後、とある事情からWebで柏祐賢を検索せざるを得なくなりました。そのとき、ブログでこの書物が取り上げられていることを知りました。二〇〇四年の大晦日に台湾前総統李登輝先生がわが家を訪問されたことはマスコミにもかなり取り上げられ、それをきっかけにして「柏祐賢とは誰か」に関心を抱かれた方があったようです。そしてその結果として、この書が読まれ、ブログでも取り上げられたのだと思います。また、その影響を受けて、読んでみたいと思われる方も出てきたようですが、絶版のためにあきらめざるを得なかった方も多かったと思われます。そのようなことから、父を追悼するためにも、この書を中心に一冊の書物を作ろうと考えたのです。

したがって、この書物は、『学問の道標』を中心とした第一部と、李登輝先生と父の関係を明らかにする第二部からなっています。第一部と第二部をつなぐために、教育論を間に挟みました。

この書物を締めくくっているのは、李登輝先生の弔辞です。李登輝先生と父祐賢の関係は、もし一言で表現するなら、やはり「百年経っても師弟は師弟」だといわざるを得ません。天下人となられたにもかかわらず、弔辞の中で先生は、「わたしは、先生の前で、いまだ二三歳の学生です」と述べられています。この恩師を敬う心を、戦後、日本人は失っているように思います。先生よりも自分の方が偉いと誇示するため、恩師を貶め、中には先生の成果をあたかも自分が創出したもののように見せかけるような人がはびこっています。これでは学問の道が廃れてしまいます。そして、このような人に教育される若い人々は不幸です。

李登輝先生は、いま残り少なくなった命に情熱を注ぎ込んで、日本人に「やまとごころを思い出せ！」と呼びかけておられます。わたしは、この呼びかけに応えたいと思っています。いま日本にもっとも必要なのは、この心だと思うからです。いまや、李登輝先生は、わたしにとって恩師となりました。

わたしは、父の遺品として一枚の色紙を李登輝先生にもらっていただきたいと思うようになりました。二〇枚ほど残された色紙のなかで、言葉も字も、わたしがもっとも気に入ったものでした。「無量壽」と書かれています。信仰篤い浄土真宗門徒としての父の心が表れていると思います。これをクリスチャンである李登輝先生にもらっていただくことに、わたしは少し迷いもありました。そこで前述の木村氏に見解を聞きました。彼は次のように答えてくれました。

「李登輝先生へのお礼の色紙も『無量壽』でいいと思います。宗教の本質は、有限な人間を包み込む無限の絶対的なはたらきへの帰依の感情だと思いますので、真に敬虔なクリスチャンであれば、よく分かっていただけると思います。『無量壽』とは文字通り、無限の壽命をもって、われわれ凡夫を救い見守ってくれる、人智の及ばない慈悲に満ちた不可思議なはたらきです。いいかえれば、われわれが安心して暮らし、死んでいける根元的な拠り所とでも言ったらいいのかも知れません。それに気づくか否かが大きな分かれ目です。祐賢先生は、若い頃からこのことを深く意識されていたのだと想像します。」

わたしがこの色紙に託している心は、李登輝先生および曽文恵令夫人のご長壽なのです。

さて、この書物の出版に際して、多くの方のお力添えを得ました。出版をお引き受けいただいた昭和堂のオーナー斉藤直光さん・社長斉藤万壽子さんご夫妻、本書を担当して下さった鈴木了一さん・松尾有希子さん、そして父死去の残務整理で忙しくしているわたしを手伝って下さった中西啓二さんには心から感謝の意を表したいと思います。

そして、父の教え子でもあるわたしの大学時代の級友たち、とりわけわたしを仏教の世界に導いてくれている木村道夫さんと福永利貞さんには、これまでのご友誼に対し感謝するとともに、父死後も変わらぬ友情をお願いする次第です。

二〇〇七年六月九日
李登輝先生帰国の日

柏　久

永遠に二三歳のまま、僕は柏祐賢先生の学生だ
―「李登輝の偉業と西田哲学」に寄せて

産經新聞論説委員兼編集委員・河崎眞澄

二〇〇四（平成一六）年一二月三一日。台湾元総統の李登輝は雪の降りしきる京都にいた。この日の「二つの出会い」は、私にとって生涯忘れることができない。

日本の外務省が三年ぶりに訪日ビザを認めた李登輝と夫人の曽文恵、孫娘の李坤儀らとの家族旅行での一コマだった。訪問先は、台湾で一九二三（大正一二）年一月に生まれた李登輝が先の大戦の時期、内地留学していた京都帝国大学（現・京都大学）農学部時代の恩師、柏祐賢の自宅だ。

大晦日の午後。李登輝はこのとき八一歳、柏祐賢は九七歳。李登輝が京都帝大から四三年暮れに出征して日本陸軍の士官となって以来、実に六一年ぶりの再会だった。終戦で台湾に戻り、さまざまな苦難を経て、偶然にも総統の座に上り詰めた李登輝が、長年にわたって心から願い続けてきた「出会い」だった、といってもよかった。

日本は一九七二年九月、田中角栄首相の時代、北京の中華人民共和国と国交を結び、台湾の中華民国とは断交していた。その後、中華人民共和国への「配慮」から、日本政府は台湾の総

統や総統経験者、行政院長（首相）や行政院長経験者、国防部長（国防相に相当）ら要人の訪日を厳しく制限していた。現在も、その制限は続いている。

二〇〇四年から〇五年にかけて、年末年始の訪日実現は、李登輝の側近中の側近、彭栄次がギリギリの交渉と根回しを経て、ようやく実現させたものだ。二〇〇〇年五月の総統退任後、二度目の来日だった。

李登輝の訪日当時、台北支局長だった私は、李登輝一行に台北から同行し、家族旅行を取材していた。総統退任から五年もたっていない時期。李登輝の言動はなお、国際社会で関心が高く、とりわけ日本において李登輝ブームすら起きていた。

京都大学にも近い閑静な住宅街にある柏宅には、実は北京の側からも〝記者〟が詰めかけていた。余談だが中国国営新華社通信の〝記者〟は後日、「李登輝は日本人になりたかった」などと誹謗する記事を送稿している。柏宅前で話を聞いた新華社の記者は、関係者のみしか知り得ない訪日日程をしっかり入手していた。

一方で、日本や台湾の記者は、李登輝訪日の全行程に同行した外務省関係者や、警備関係者に交じって、大晦日の雪の寒さをこらえながら、柏宅の庭から窓越しに、応接間で柏祐賢の横に座った李登輝の姿を凝視していた。

李登輝は恩師の左手をかるく握りつづけたまま、体を寄せ合うように一時間近く、談笑した。

柏祐賢は「もう一度会えると思わなかった」といい、「百年たっても師弟は師弟。だがこの人（李登輝）は天下人だ」と快活に笑った。

李登輝は在学時、京都帝国大学で助教授だった柏祐賢の講義「北支（中国北部）の経済秩序」に、「強い影響を受けた」と話す。李登輝は農業経済学が専門だった。

柏祐賢は戦前、中国東北部の旧満州国や内モンゴルで農業調査をしていた。日本とは気候も土壌も農作物も異なる大陸のこと。柏祐賢は学術的な研究に加え、日本の国策として送り込まれた「満蒙開拓団」の農民らに実践的な農業指導も行ったという。

李登輝は旧制台北高等学校の学生時代、かつて台湾総督府で行政に携わった新渡戸稲造や後藤新平らの生き方に心酔していた。「武士道」の著者だった新渡戸は台湾勤務の後、京都帝大教授となって専門の農業経済学を教えた。台湾の近代化に尽くした後藤は、南満洲鉄道（満鉄）初代総裁に転じた。

満鉄は終戦まで、日本の満州経営の中核として、農業や工業など経済全般にも関わる特殊会社だった。

李登輝は、「僕は京都帝大で農業経済学を学んで、卒業後に満鉄で働きたいと思っていたんだ」と話した。満鉄調査部での仕事を頭に描いていたものとみられる。そして新渡戸と後藤の姿を追いかけていた。それが柏祐賢の講義で、農業経済学をベースに中国東北部で活躍する、という二つの具体的なイメージが結びついていったのではないか。

これも余談だが、李登輝はいまもなお、自らを「僕」ということがある。その言動はまさに旧制高校生そのものだ。司馬遼太郎も名著『街道をゆく40「台湾紀行」』（朝日新聞社）の中で、李登輝の旧制高校生ぶりを、どこかウキウキとしたような、一〇代のころの親友に数十年ぶりに出会ったかのような文体で描写している。

もう一つの「出会い」は、柏祐賢の次男で、農業経済学が専門の元京都大学教授、柏久と私自身が知り合ったことだ。柏祐賢を介し、李登輝がいわば兄弟子ともいえる学者の柏久はともかくも、李登輝と柏祐賢という偉人の出会いに、自分の名まで列挙するのは大変おこがましいことであり、不遜なことでもある。ただ、柏久との「出会い」が後日、二〇一九年四月から、私が産經新聞で長期連載した「李登輝秘録」の取材と執筆をする上での原動力になったといえるからだ。

「李登輝秘録」についてはここでは触れないが、柏久がかくも深く、李登輝の精神に傾倒するとはこのとき、思いもよらなかった。二〇〇四年一二月三一日に李登輝と家族のみならず、数多くの報道陣や外務省関係者、警察関係者などを一時に受け入れることになった柏久と一家はこの日、かつてない天手古舞いの大晦日になったはずだ。あの日の京都の柏宅での情景は、いまも鮮明によみがえってくる。

時に病魔にもおかされた柏久が渾身の力を振り絞って書き記した本書は、父の柏祐賢と台湾元総統の李登輝という二人の偉人が出会い、その底流に西田幾多郎の哲学が渾然とわき上がっていたことを見いだしたあの日が、重要な出発点であっただろう。

ただし、その記述は、「ファミリーヒストリー」のたぐいではなく、明治から大正、昭和、そして平成、令和に脈々とこの国に受け継がれてきた精神的な立脚点にあるのではないか。あるいは「日本とはなにか」「日本人とはいったい誰か」という根源的な問いへの論考だと言い換えてもいい。

柏久は、李登輝と柏祐賢の「心のつながり」に関心を抱いた私に、もう一人の重要な日本人の名を挙げた。「父と李登輝先生の師弟関係を決定づけたのは、京都学派に脈々と流れる西田幾多郎の哲学だ。父は西田哲学の上に農業経済学を形作った」という。西田幾多郎が書き、一九一一年に出版された「善の研究」は戦前の旧制高校生には、必読の書だった。

二〇〇四年一二月、李登輝は柏祐賢を訪ねる数日前、石川県かほく市の「西田幾多郎記念哲学館」にも足を運んでいる。同行していた私は、展示をみながら李登輝がまるで大学教授か、高等学校の教師のような口ぶりで（実際に戦後しばらく李登輝は台湾大学で教鞭を執り教授になっていたが）、夫人らに「西田哲学は『場所の論理』なんだ」と語りかけて説明した姿をみていた。

李登輝は、「台湾に生まれ育った台湾人は（日本統治時代なども含め）四〇〇年にわたって外来政権に統治された。台湾の（地政学的な）場所。台湾に生まれた悲哀だ」と言った。「だが台湾は民主化された。（西田哲学を勉強した）学生時代の自分と今の台湾を重ね合わせると胸が熱くなる」と続けた。民主化で「場所」としての台湾の「悲哀」が「幸福」に変わったと感じたのではなかっただろうか。

台湾、日本、新渡戸、後藤、西田。そして京都帝大、農業経済、柏、満鉄、台湾社会のありよう。台北高校時代の李登輝の心に、悲哀とともに点在していたいくつもの思いが、京都学派の柏祐賢との最初の出会いによって「線」で結ばれ、やがて広々とした「面」になっていったのではないか、と私自身は感じている。

日本統治時代の台湾で行われた高い教養教育の成果が京都で花開いたのだ。そして戒厳令が三八年も続いた苦しい戦後の台湾社会で生き延びた。農業経済学者から、請われて中国国民党政権の中に入り込んだが、魑魅魍魎の中で堪え忍び、考えてもいなかった総統の座についた。今度はその権力を「公」のためにのみ使い、台湾の民主化を成し遂げた。「静かなる革命」と称される大きな仕事を成し遂げたのが李登輝だ。

もうひとつ重要なカギは、西田哲学にみえる「アウフヘーベン（止揚）」であろう。李登輝は戦後台湾で、政治の世界にあって、乖離していた理想と現実の矛盾を、いかに止揚すべきか、それればかり考えていた。中国大陸由来の政党、中国国民党の政権が台湾と台湾人を強権で支配し、なかんずく「中国大陸全体もなお自らの領土だ」と主張し、「中華民国憲法」でモンゴルを含む全体を領土とする虚構がまかり通っていた。

しかも、台湾生まれの住民を銃口で脅しあげて政治弾圧した「白色テロル」の時代だ。「台湾」という確固たる国家を作り上げるまで、手枷足枷の残る「国民党」「中華思想」の虚構や呪縛から、そろりそろりと抜け出してきた。

中国国民党内部の守旧派によるクーデターもどきの妨害工作や、中国共産党からの武力的な脅威も含む政治圧力、くわえて性急な「台湾独立」を強く要求する台湾内部の勢力からの突き上げもすべてコントロールし、ダッチロールしながらも飛行し続け、政策や人心掌握をアウフヘーベンすることによって民主化という空港に安全に着陸させた。その李登輝の強靭な精神力と忍耐力、実践躬行を支えた基礎が日本教育にあったことは疑う余地がない。

それゆえ六一年ぶりに、京都でもう一度「出会った」恩師の柏祐賢に、青年李登輝は「柏先生に教えていただいたおかげで、僕はやっとこさ困難に耐え、生き抜いて、一歩でも二歩でも理想の実現に向かうよう、実践躬行して参りました」と報告し、それを聞いた柏祐賢の笑顔を見たかったに違いない。長年、李登輝を取材してきた私は、そう確信している。

柏祐賢が二〇〇七年三月一二日に九九歳で亡くなったあと、翌月の葬儀に送った「弔辞」で李登輝はこう述べている。

「あの日（二〇〇四年一二月三一日のこと）、柏先生は『百年経っても師弟は師弟。だがこの人は天下人だ』と笑いながら仰ってくださいました。しかし、そうではありません。私は、先生の前で、いまだ二三歳の学生です。いや、先生が身罷られた今も、私は永遠に二三歳の柏先生の学生なのです」

「台湾の高校を卒業した後、私は一人で京都（帝国）大学に参りました。友人もなければ、頼る人もいない、そのような不安な学業生活を送っていた私に、柏先生は、学問はもちろんのこと、人の在り方や人の生き方も教えてくださり、更に元気と勇気を与えてくださいました」

「終戦で私は台湾に戻り、今に至りましたが、この数十年以来、私は先生の教えを片時も忘れることはありませんでした。先生が私に授けてくださった教えは、それからの私の人生における原則となりました。もし、あのとき、柏先生の偉大な教えがなければ、現在の李登輝もなかったと思います」

李登輝はまさに、いまも、そしてこれからも、「永遠に二三歳のまま、僕は柏祐賢先生の学生だ」と信じ、生きていくのだ。

だいぶたった後で、柏久に聞かされて、ハッとしたことがある。「李登輝と西田幾多郎と柏祐賢の共通点は三人とも長男が夭折したこと」だ。その共通性が、三人の行動や見えざる心の

李登輝夫妻と3人の子供たち。左端が1982年に癌のため死去した長男の憲文。31歳の若さだった

結びつきを生んでいるのか、正直なところよく分からない。ただ、家族をもち、二人の子供を育ててきた一人の人間として、その痛苦のかけらは感じることができる。

李登輝は一九七〇年代初めから、中国国民党の最高権力者だった蔣介石の長男である蔣経国に農業経済学者として見いだされ、その力を農業政策に生かすとして政治経験を積み始めていた。図らずも学者から政治家に転身し、その人生は順調に動き始めたかにみえたが、思わぬところから魔の手が近づいていた。

台北市長から台湾省政府（現在は機能を凍結している）主席への転任を蔣経国から伝えられた一九八一年の夏に、長男の李憲文の鼻腔に癌がみつかった。すでに末期だと診断された。李には一九五〇年九月生まれの長男の憲文と、その下に二人の娘がいた。新聞記者で日本語も学んだ憲文について李は、「とても気があった」とだけ短く答えた。

一九七九年に結婚した憲文には一九八一年八月、長女が誕生している。李登輝夫妻の初孫だった。二〇〇四年一二月三一日に柏宅をいっしょに訪ねた李坤儀。だが憲文は娘が生まれた翌年の一九八二年三月、生後七カ月だった可愛い長女を残し、三一歳で世を去る。

李登輝の警護を李登輝の台北市長時代から四〇年近く務め、かつてはボクシングで台湾チームのメンバーとしてオリンピックへの出場経験もある李武男（李登輝と同じ李姓だが血縁関係はない）は、「憲文は子供のころから聡明で両親思いだった」と懐かしそうに振り返った。

李登輝夫妻や娘たちは、台北市内の台湾大学病院で憲文の最期に立ち会った。「彼をストレッチャーに乗せるわけにはいかない」といって憲文を抱きかかえて霊安室まで運んだ李登輝の後ろ姿を、李武男はいまも鮮明に覚えている。李武男は憲文の葬儀で最後に、服を着せて棺桶に入れる役目まで買って出た。子供の頃から我が子のようにかわいがってきたからだ。

憲文が病魔と闘っていた頃のこと。長年にわたって李登輝の側近だった鍾振宏（二〇一九年七月に死去）によれば、「台湾省議会には以前、意地悪な議員も多かったが、長男の病状を知って休会を呼びかけてくれるほど（李登輝に）信頼を寄せるようになった」という。だが李は、「公と私は区別しなければならない」と断って、会期を続けさせた。

語り合う李登輝と憲文親子

「公」と「私」の区別について、李登輝は強い信念をもっている。キリスト教徒として「神が心の中にいる」との思いもあるのだろう。その信条は「我是不是我的我」だ。「私は私でない私」と訳される。李登輝という一人の人間は、李登輝という理想の政治家の姿を演じ、台湾二三〇〇万人の人々の安定と繁栄、平和と安心のために生涯を「公」に捧げた、という意味だ。李登輝は、「私が死んだら、遺灰は（日本統治時代に新高山＝ニイタカヤマ＝と呼ばれた）『玉山』の山頂にまいてほしい。台湾の中心で最高峰の山頂から永遠に台湾を見守るのだ」と話している。生まれ故郷の台湾と台湾人にすべてを捧げた人生だ。

李憲文に話を戻す。李登輝は憲文と台湾社会の動向について論議するのが好きだったという。

憲文は一九八〇年九月、東京を旅行したとき、豊島区池袋の書店で『少数支配の法則―政治権力の構造』（新泉社）という書籍をみつけ、「父が喜ぶだろうな」と考えて買い求めた上、台湾で中国語への翻訳書を出す交渉を始めたという。

『少数支配の法則―政治権力の構造』（左）と『台湾農地改革の村落社会への貢献』（右）

　中国大陸出身で台湾では少数派の外省人が、中国国民党の権力をもとに支配者になった台湾社会をどうすべきか。憲文は日本の学術書の形を借り、解決策を探す努力を父に見せたかったのかもしれない。翻訳は終えたが、出版は憲文の死後だった。

　一方で李登輝は、憲文が完成できなかった大学院の博士論文をベースに、八五年に私家版の書籍『台湾農地改革の村落社会への貢献』を出版している。その最初のページに大きく「この書をわが息子、憲文に捧げる。おまえは永遠にパパの心の中にある」と記していた。農地改革は李登輝が戦後台湾の農業政策で最重要としたことだ。憲文も父、李登輝の志をうけついで、農業経済について研究を始めていたのだった。

最愛の長男を失ったことが、李登輝の精神をさらに昇華させたのではなかったか。

総統だった蔣経国は八四年、李登輝を副総統にまで引き上げるが、外省人が中枢にあった中国国民党の内部では当時、「もう息子がいないから李登輝を重用した」などと心ない陰口を言われることがあった。権力の世襲に違和感を覚えない中国的な発想なのだろう。台湾生まれの本省人である李登輝の出世には嫉妬も渦巻いていた。

鍾振宏から二〇〇五年暮れに李登輝の秘書を引き継いだ小栗山雪枝は二〇〇七年の年明け早々、李登輝夫妻に呼ばれた。二〇〇六年の暮れ、ＮＨＫ紅白歌合戦をテレビで見た李登輝夫妻は、テノール歌手の秋川雅史が歌った「千の風になって」に、強く心を動かされたというのだ。

李登輝と曽文恵は小栗山雪枝に歌詞をもっと詳しく知りたいと求めてきた。「私のお墓の前で泣かないでください」「千の風になって、あの大きな空を吹き渡っています」。台北郊外の自宅で、李登輝夫妻は何度も何度も小栗山と三人でこの曲を歌った。

夫人の曽文恵は、「この歌を聴いてやっと考え方が変わったわ」と話した。李憲文の死去から四半世紀もの年月が過ぎていた。その歌を初めて聴いた大晦日は、柏祐賢との六一年ぶりの「出会い」からちょうど二年後のことだった。

（敬称略）

おわりに

本書の序を書いてから四ヶ月近くが経った。すでに本書を読まれた方はわかるであろうが、李登輝先生と出会った二〇〇四年一二月に、私が河崎眞澄さんと親しくならなかったら、そして李先生とわが父の強い絆について、私が直観的に感じた思いを、河崎さんが雑誌記事に書かなかったならば、本書は生まれていなかったに違いない。

私が一五年にわたり追求した、李登輝先生とわが父の強い絆を西田哲学によって説く努力、その過程で李先生の偉業は西田哲学に基づくフィロゾフィーレンから生まれた、という結論に到達した。

この結論だけなら、本書は一三七ページまでで良いのかもしれない。しかし私は、一五年余りにわたる思索と体験を読者に理解してもらうために、補遺として「「生きる」ための往生」を掲げ、思索のきっかけをつくってくれた盟友河崎さんに本書を後付けしてもらいたいと思い、『産経新聞』に「李登輝秘録」を登載中で忙しい彼に寄稿をお願いした。彼は快く引き受けてくれて原稿が届いた。

届いた原稿を読み、私は涙が止まらなかった。というのは、その原稿が単に本書を締めくくるだけのものではなかったからである。

私は、出版のための作業を進めながら、何か書き残しているような気持ちを持ちつづけていた。彼の原稿は、まさにその核心を突いたものであった。私が書き残していたのは、李先生ご夫妻のご長男、憲文さんのことである。李登輝先生の偉業は、台湾と日本が民主主義国家である限り、その輝きを失うことはないであろう。しかしその後ろに多くの悲哀があったことは、決して知られることがないに違いない。

李先生ご夫妻が、二〇〇六年大晦日に「千の風になって」を聴き、それに惹かれて歌われたという逸話は、憲文さんの死が、ご夫妻にとって、いかに悲しいものだったかを物語っていると言えよう。本書で書いたように、李先生とわが父祐賢は、西田と同じく長男に先立たれた。三人の父の悲哀は、西田が表現したように、海よりも深いものだった。

それでは、早世した憲文さんの気持ちはどのようなものだったであろうか。

人々がそこに思いをはせることはないであろう。それは余りに縁遠い世界だからである。偉大な父を持つ子、とりわけ長男にとって、期待されていることによる重圧は決して軽いものではない。

私は長男ではない。しかし兄の死によって、その重圧の一端を担うことになった。重圧を前にして長男がとる選択の道はたくさんあろう。憲文さんがとった道は、父の偉大さを率直に受け止めて、真正面からそれを乗り越えようとする道だったと言える。それが河崎さんの書かれたものによく表れている。

それでは、親孝行だった憲文さん、いま彼岸において、李先生の栄光をどのように感じているだろうか。

言うまでもないであろう。

父の偉業を誇らしく思い、満足しているに違いない。

いま私は次のように言いたい。

李憲文さんに栄光あれ！
日台の未来に瑞光あれ！

と。

二〇一九年八月二二日

柏　久

写真提供　産経新聞社
　　　　　李登輝基金会
装幀・本文組版　星島正明

柏　久（かしわ・ひさし）

筆者プロフィール
1947年 京都市生まれ
1971年 京都大学農学部農林経済学科卒業
1975年 京都大学大学院博士課程中退し、同年に助手
その後、講師、准教授を経て
2009年 京都大学大学院地球環境学堂教授
2012年 酪農学園大学特任教授
2017年 松柏庵研究所所長

1985年『山地酪農に関する研究』で京都大学農学博士
専門は「農学原論」

『農業経済学の展開過程―小農経済論の終焉と企業的農業の形成』（日本経済評論社）
『環境形成と農業―新しい農業政策の理念を求めて』（昭和堂）
『放牧酪農の展開を求めて―乳文化なき日本の酪農論批判』（日本経済評論社）
など、単著、編著書、共著書、論文多数

李登輝の偉業と西田哲学
台湾の父を思う

令和元年10月25日　第1刷発行

著　　者　柏　久
発 行 者　皆川豪志
発行・発売　株式会社産経新聞出版
〒100-8077 東京都千代田区大手町1-7-2 産経新聞社8階
電話 03-3242-9930　FAX 03-3243-0573
印刷・製本　株式会社シナノ
電話 03-5911-3355

ISBN978-4-86306-149-1　C0095
